Königs Erläuterungen und Materialien
Band 41

Erläuterungen zu

Sophokles

Antigone

von Thomas Möbius

C. Bange Verlag – Hollfeld

Herausgegeben von Klaus Bahners, Thomas Möbius
und Reiner Poppe

Hinweis der Herausgeber:

Die Rechtschreibung wurde der amtlichen Neuregelung angepasst.

1. Auflage 2000
ISBN 3-8044-1694-2

INHALT

1. Hinweise zum Leseprozess 5

2. Der Autor: Leben und Werk 7

3. Entstehungshintergrund und Aufnahme der „Antigone" 9

3.1 Das griechische Theater 9

3.2 Die mythologischen Voraussetzungen 14

3.3 Wirkung 19

4. Zum Drama 20

4.1 Aufbau des Stücks, Gang der Handlung und Inhaltsangabe 20

4.1.1 Aufbau des Stücks 20

4.1.2 Gang der Handlung 23

4.1.3 Inhaltsangabe 36

4.2 Sachliche und sprachliche Erläuterungen 39

4.3 Personenkonstellation und Charakteristiken 48

4.4 Interpretation: „Antigone" als Tragödie von der freien Selbstbestimmung des Menschen 60

5. Rezeption 66

5.1 Dramatische Bearbeitungen 66

5.2 Epische Bearbeitungen 74

5.3 Inszenierungen 76

6. Aspekte zur Diskussion/Materialien 80

7. Literatur und „Links“ zur „Antigone“ 121
7.1 Literatur 121
7.2 „Links“ 122

1. HINWEISE ZUM LESEPROZESS

Besuchern, die im Jahre 442 oder 441 v.Chr. die Uraufführung der „Antigone“ im Rahmen des Dionysos-Festes erlebten, musste der mythologische Hintergrund der Tragödie nicht erläutert werden. Das, was ihnen gezeigt wurde, war keine vollständig neue Geschichte, sondern vom Dichter mit eigener Akzentsetzung gestalteter Traditionsstoff, der zudem mit zahlreichen Anspielungen auf andere Mythen verweist. Diese Anspielungen wurden vom Zuschauer verstanden und entsprechend für die Deutung des Geschehens verwendet.

Heute fehlt uns zumeist die Kenntnis dieses mythologischen Hintergrundes, ohne den aber eine sinnvolle Beschäftigung mit einem antiken Drama wie der „Antigone“ kaum gelingt. Es ist also zu empfehlen, den Prozess des literarischen Verstehens der sophokleischen „Antigone“ mit dem Studium des mythologischen Hintergrundes und der Aufführungspraxis zu beginnen (s. Kap. 3). Die nachfolgende Lektüre des Dramas wird an zahlreichen Stellen ohne die Erhellung durch Wort- und Sacherklärungen (s. Kap. 4.2) nicht auskommen. Dieser Zugang ermöglicht über die Beseitigung von Unklarheiten die Einfühlung in die Figuren und ihre Handlungsweisen.

Ein anderer Weg, sich mit der Problematik vertraut zu machen, wäre die Lektüre moderner „Antigone“-Adaptionen vor der Beschäftigung mit dem antiken Werk; hier empfiehlt sich z.B. Rolf Hochuths „Berliner Antigone“. Diese Vorgehensweise macht die Aneignung des mythologischen Hintergrundes natürlich nicht überflüssig, sie hat aber den Vorteil der Modernität in der Präsentation des thematisierten Problems.

Für welche Vorgehensweise man sich auch entscheidet: Beim Verständnis der einzelnen Szenen helfen in jedem Falle die Ausführungen zum Aufbau und zum Gang der Handlung (s. Kap. 4). Die Interpretation der vorliegenden Erläuterung bemüht sich zum einen darum, die Funktion der Tragödie in der griechischen Polis zu würdigen, andererseits aber auch darum, den Konflikt zwischen Kreon und

Antigone als den zwischen Individuum und Staat zu sehen, der sich im 20. Jh. an zahlreichen Beispielen aufzeigen lässt. Breiten Raum nehmen in dieser Erläuterung daher auch die „Antigone"-Adaptionen in Form von epischen und dramatischen Bearbeitungen sowie Inszenierungen ein. Am Ende des Lese- und Verstehensprozesses könnte die Einsicht in die Zeitlosigkeit des dargestellten Konfliktes und die Erkenntnis der ungebrochenen Aktualität dieses Konfliktes stehen.

Dieser Erläuterung liegt die Reclam-Textausgabe der „Antigone" nach der Übersetzung von Wilhelm Kuchenmüller zugrunde.

2. DER AUTOR: LEBEN UND WERK

Das Leben des Sophokles ist vor dem Hintergrund der griechischen Polis zu begreifen; seine Lebenszeit von 497/496 v. Chr. bis 406 v. Chr. umfasst die höchste Blüte der athenischen Sklavenhalterdemokratie. Die vollständige Niederlage Athens im Kampf gegen Sparta hat er nicht mehr erlebt. Von Sophokles, der bereits zu Lebzeiten durch seine dichterischen und politischen Leistungen Berühmtheit erlangt, sind nur sieben von 123 Dramen ganz überliefert, der Rest besteht aus Titelangaben oder Fragmenten.

497/496	Geburt in Kolonos Hippios bei Athen als Sohn eines wohlhabenden Fabrikanten (Waffen, Ackergeräte)
490	1. Perserkrieg
480	Zerstörung Athens durch den Perserkönig Xerxes I.
479	Sieg der Athener über die Perser bei Salamis
461-446/45	Rivalität Athen-Sparta; erster Krieg um die Vorherrschaft in der Region
461-430	Demokratische Reformen in Athen unter Perikles
468	Erste Tragödieaufführung des Sophokles (Tripolemos-Trilogie). In dem Theaterwettstreit siegt Sophokles in der Folge insgesamt 24mal.
45	Friedensschluss zwischen Athen und Sparta
445/443	„Trachinierinnen“, „Aias“ (frühestes erhaltenes Drama)
443	Ernennung zum Schatzmeister der Bundeskasse von Athen

443-429	Perikleisches Zeitalter: Perikles beseitigt Opposition und wird jährlich in die beherrschende Stellung des Strategen gewählt. Perikles genießt große Autorität beim Volk.
442/441	„Antigone"
441-439	Ernennung des Sophokles zum Strategen neben Perikles
431-404	Erneute Konfrontation zwischen Athen und Sparta im Peleponesischen Krieg
439	Pest in Athen, Tod des Perikles
427	„König Ödipus"
420	Aufnahme des Gottes Asklepios in Athen, Stiftung seines Heiligtums durch Sophokles
415/414	„Elektra"
413	Sieg Spartas über Athen mit Unterstützung der Perser
411	Mitglied der oligarchischen Regierung Athens
409	„Philoktet"
408	Tod des Euripides
407	„Ödipus auf Kolonos" (Uraufführung 401 v. Chr.)
406	Tod des Sophokles in Athen
405	Vernichtung der athenischen Seestreitkräfte durch die spartanische Flotte
404	Oligarchie von „Dreißig Tyrannen" in Athen
403	Wiederherstellung der Demokratie

3 ENTSTEHUNGSHINTERGRUND UND AUFNAHME DER „ANTIGONE“

3.1 Das griechische Theater

Der Dionysoskult

Die griechische Tragödie, wie sie sich im 5. Jh. v. Chr. in Athen zu entwickeln beginnt, ist von Anfang an ein Bestandteil des staatlichen Kultes; zur Zeit des Perikles gibt es in Athen sogar ein Tagegeld für den Besuch des Theaters. Das Theater entwickelt sich aus religiösen Feiern zu Ehren des Gottes Dionysos. Das von der Kultgemeinde während der Dionysosfeier gesungene Chorlied, der Dithyrambus (griech. „Bocksgesang“), ist das Grundelement und in den späteren Stasima erhalten.

Der Dionysoskult selbst setzt sich vom 7. Jh. v. Chr. an auf der Pelepones durch: Es wird überliefert, dass Arion in Korinth um 600 v. Chr. einen Chor mit mythologischem Inhalt für Dionysosfeste einstudiert hat; die Mitglieder dieses Chores sind als Böcke verkleidet und rufen die lokale Gottheit des Dionysos Lysios mit einem formlosen Kultruf, dem Dithyrambus, an. Das Chorlied des Arion übernimmt den traditionellen Namen „Dithyrambus“. Ab 560 v. Chr. ist der „Bocksgesang“ auch für Athen überliefert, wo ihn Peisistratos aufgenommen und auf die Verehrung des Dionysos Eleuthereus übertragen hat. Zum Inhalt des Chorliedes wird dort der Mythos als eine Form der zentralen Sinngebung der Wirklichkeit durch göttliches Wirken. Durch den mythischen Bezug finden auch die Anfänge einer dargestellten Handlung Eingang in das Chorlied, das sich zu einem Stasimon, einem Standlied, entwickelt. Zwischen den einzelnen Chorpartien kann ein Sprecher, ein Hypokrites (griech. „Antworter“, „Schauspieler“), seinen persönlichen Empfindungen Ausdruck geben; dieser Sprecher entwickelt sich zu einer Vollfigur, da sich das Interesse des Publikums immer stärker auf die Handlung konzentriert.

Eine echte Handlung wird durch die Einführung des zweiten Schauspieler durch Aischylos (525-456 v. Chr.) möglich, Sophokles führt sogar noch einen dritten Schauspieler ein; diese Zahl wird in der Folge nicht mehr überschritten. Mit der Betonung der Handlung sinkt die Zahl der Chormitglieder; sind es bei Aischylos noch 50 gewesen, so verwendet Sophokles nur noch 15 Chorsänger.

Die griechische Tragödie, entstanden aus und eingebettet in den Dionysoskult, ist also eine Mischung aus musikalischen Partien des Chores und dramatischer Rede der Schauspieler. Die – ausnahmslos männlichen – Schauspieler tragen Masken aus leichtem, bemaltem Stoff, die den jeweils dargestellten Typus verkörpern: Mit der Zeit entwickeln sich 25 tragische und 40 komische Masken.

Die Verwendung von Masken lässt sich sowohl technisch als auch religiös begründen: Sie erleichtert das Hineinschlüpfen in andere Rollen, da infolge der Begrenzung der Spielerzahl ein Schauspieler während einer Aufführung mehrere Rollen zu spielen hat; die Verkleidung ist darüber hinaus ein Zeichen dafür, dass die Schauspieler zu Ehren des Gottes ihre Individualität aufgeben und auf diese Weise aus sich selbst heraustreten. Das griechische Wort Ekstase – ein zentraler Bestandteil des Dionysoskultes – bedeutet nichts anderes als „aus sich selbst heraustreten".

Vasenscherbe aus Tarent: Schauspieler mit Maske
(Bittner, S.111)

Das griechische Theater

Den Aufführungsraum der Tragödie bietet das griechische Theater, das in seinen Anfängen eine Kultstätte zu Ehren des Dionysos ist. So ist beispielweise das Dionysostheater unterhalb der Akropolis in Athen im 5. Jh zunächst ein Dionysostempel, in dessen Nähe sich die Orchestra, der Tanzplatz, mit dem Dionysos-Altar in der Mitte befindet. Diese Orchestra ist die Urzelle des Theaters, das erst im 4. Jh. (330 v. Chr.) aus Stein erbaut wird. Vorher sitzen die Zuschauer auf Holztribünen, auch das Bühnengebäude ist aus Holz gezimmert.

Wesentliche Bestandteile des Theaters sind:

- das Zuschauerhalbrund (das Theatron), das in z.B. Athen ein Fassungsvermögen von bis zu 15000 Zuschauer hat;
- der Tanzplatz (die Orchestra), der einen Durchmesser von rund 30 Metern hat und dem Chor vorbehalten bleibt;

- der Weg zwischen Bühnenhaus und Zuschauerhalbrund (die Parodos), der der Eingang für Chor und bestimmte Schauspieler während der Aufführung ist und den Zuschauer als Eingang vor der Aufführung benutzen dürfen;
- das Bühnenhaus (die Skene), auf der Schauspieler auftreten und das auch für die Installation technischer Geräte gedacht ist, mit denen Effekte erzielt werden können. So kann z.B. ein Kran („Deus ex machina") das Herabschweben hilfreicher Götter ermöglichen, eine Maschine (das Bronteion) verursacht Donnergeräusche durch herabfallende Metallkugeln. Die Skene ist nach rechts und links von Seitenflügeln (das Paraskenion) begrenzt; der Skene vorgelagert ist die vordere Bühnenwand (das Proskenion).

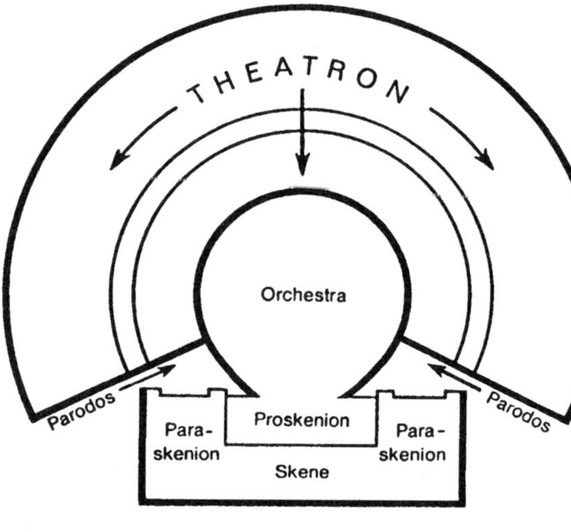

Die Bestandteile des griechischen Theaters
(Zink, S. 79)

Als Teil des Staatskultes ist der Dionysoskult mit eingeschlossener Theateraufführung eine politische Veranstaltung, die sich über fünf Tage erstreckt. Teilnehmen dürfen nur die Athener, die das Bürgerrecht besitzen; das sind zur Zeit des Perikles etwa 40 000. An den ersten beiden Tagen wird der eigentliche Gottesdienst mit dem feierlichen Opfer am Altar des Gottes abgehalten. Dabei sind in der Orchestra auch die Tribute der Mitglieder des Attischen Seebundes ausgestellt. Der politische Charakter wird darüber hinaus dadurch betont, dass die volljährigen Söhne der im Krieg gefallenen Athener feierlich in die Gemeinschaft der Erwachsenen aufgenommen werden und als Ehrengeschenk die Rüstungen erhalten, die in der Orchestra liegen. Am dritten, vierten und fünften Tage werden die Dramen, jeweils drei Tragödien und ein Satyrspiel aufgeführt, die für die Teilnahme am Wettbewerb bestimmt worden sind. Fünf Preisrichter entscheiden nach der letzten Aufführung über den Sieger, der mit einem Efeukranz und einen Geldpreis geehrt wird.

Eine Wiederholung erfolgreicher Stücke außerhalb des staatlich vorgegebenen Rahmens ist nicht vorgesehen. Wiederaufführung bereits gespielter Tragödien werden erst ab 386 v. Chr. zugelassen. Mit der Zeit bildet sich ein Kanon von als klassisch erachteten Werken heraus. Zu diesem Kanon gehören die Stücke des Aischylos (525-456 v. Chr.), des Sophokles (497-406 v. Chr.) und des Euripides (480-406 v. Chr.). Mit dem Verlust der Verbindung von Polis und Dionysostheater/Tragödie, die dem Niedergang der attischen Seeherrschaft dem Verfall der Demokratie folgt, geht auch die klassische Zeit des antiken Dramas zu Ende. Mit seiner Komödie „Die Frösche“ (405 v. Chr.) zieht Aristophanes (445-385 v. Chr.) gleichsam einen Schlussstrich unter die klassische Epoche der attischen Tragödie.

Das Dionysos-Theater am Südosthang der Akropolis
(Jahr, S. 74)

3.2 Die mythologischen Voraussetzungen

Der Antigonestoff lässt sich nicht bei Homer nachweisen; vermutlich handelt es sich um eine thebanische Lokalsage. Namentlich greifbar ist Antigone zuerst in einer Genealogie des Pherekydes von Athen im 5. Jh. v. Chr. Sie wird dort neben Ismene, Polyneikes und Eteokles als Kind aus der zweiten Ehe des Ödipus mit Euryganeia genannt. Ihr genealogisches Verhältnis zu den Eltern ändert sich erst, als sie Eingang in das Drama „Sieben gegen Theben" (aufgeführt 467 v. Chr.) des Aischylos findet. Bei Aischylos wird die Schuld des Eteokles hervorgehoben, der seinem Bruder das Erbe nicht überlässt; der

Chor der thebanischen Jungfrauen unterstützt Antigone, die sich nur auf die Blutsverwandtschaft beruft, in ihrem Bestattungsvorhaben. Das Besttatungsverbot selbst geht von einem oligarchischen Volksorgan aus, das von einem Herold am Ende des Dramas verkündet wird. Nach einer kurzen Auseinandersetzung mit Antigone und dem Chor ist der Herold dann aber sogar bereit, bei der Bestattung zu helfen. Dieser Schluss der aischyleischen „Sieben gegen Theben" ist vermutlich erst nach den „Phoinissai" des Euripides entstanden, also nach 410 v. Chr.; so muss man davon ausgehen, dass die um 442/441 v. Chr. aufgeführte Tragödie „Antigone" von Sophokles den Antigonestoff begründet hat.

Der mythologischer Gehalt des Antigonestoffs ist eng mit der Geschichte Thebens verbunden: Die Gründung der Stadt geht auf Kadmos zurück; dessen Großvater ist Poseidon, die Urgroßeltern sind Zeus und Io. Nach einer Weissagung Apolls wird Kadmos von einem Rind an die Stelle geführt, an der er eine Stadt gründen soll. In der Nähe des Ortes, an dem sich das Rind schließlich niederlässt, tötet Kadmos einen Drachen und sät, einer Anweisung Athenes folgend, dessen Zähne in die Erde. Aus den Zähnen wächst ein Schar von Kriegern hervor, die sofort beginnen sich zu bekriegen. Mit den fünf Soldaten, die überleben, baut Kadmos die neue Stadt Theben.

Aus dem Geschlecht des Kadmos stammen die Herrscher Thebens. Der folgende Stammbaum gibt einen Überblick über die Verwandtschaftsverhältnisse:

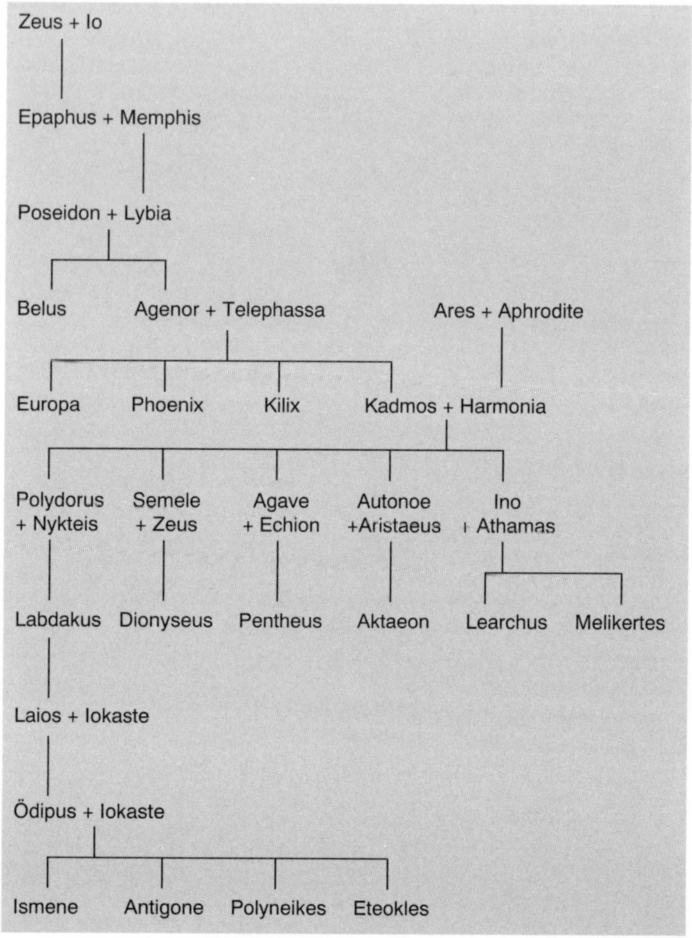
Zeus + Io
Epaphus + Memphis
Poseidon + Lybia
Belus
Agenor + Telephassa
Ares + Aphrodite
Europa
Phoenix
Kilix
Kadmos + Harmonia
Polydorus + Nykteis
Semele + Zeus
Agave + Echion
Autonoe +Aristaeus
Ino + Athamas
Labdakus
Dionyseus
Pentheus
Aktaeon
Learchus
Melikertes
Laios + Iokaste
Ödipus + Iokaste
Ismene
Antigone
Polyneikes
Eteokles

Aus der Verbindung des Kadmos mit Harmonia, der Tochter des Ares und der Aphrodite, gehen fünf Kinder, Polydorus, Semele, Agave, Autonoe und Ino, hervor. Eine der Töchter des Kadmos, Semele, wird später die Mutter des Dionysos; daher ist die Verehrung des Gottes in Theben und das Interesse eines Athener Dichters wie Sophokles zu erklären, der den Sagenstoff für das Dionysosfest heranzieht.

Polydorus folgt dem Vater auf den Thron von Theben, er stirbt jedoch bereits nach einem Jahr. Aus seiner Ehe mit Nykteis geht Labdakos hervor, der der Vater von Laios wird – mit Laios beginnt der Fluch über das Labdakiden-Geschlecht: Laios verliebt sich in den schönen Sohn des Pelops, Chrysippos, und entführt ihn. Der Fluch des Pelops wird von Zeus erhört und das Orakel von Delphi teilt Laios mit, dass er von seinem eigenen Sohne getötet werde.

Hier schließt sich die Sage um Ödipus an: In Erinnerung an den Orakelspruch übergibt Laios den ersten Sohn aus seiner Ehe mit Iokaste einem Hirten mit dem Auftrag, den Säuglling zu töten. Dieser Auftrag wird nicht aufgeführt, statt dessen wird Ödipus, so der Name des Säuglings, dem König von Korinth übergeben, der ihn an Sohnes statt aufzieht.

Nachdem Ödipus als junger Mann von einem Betrunkenen erfahren hat, dass er nicht der leibliche Sohn des Königs ist, macht er sich auf den Weg, sein wahres Elternhaus zu suchen. Er begegnet – unerkannt – seinem Vater Laios und erschlägt ihn, nachdem er von ihm und dessen Gefolge gereizt worden ist. Ödipus gelangt nach Theben, das er von der Sphinx befreit und dessen neuer Herrscher er wird. Mit der Königin heiratet er unwissentlich seine eigene Mutter, aus dieser Ehe stammen vier Kinder: Ismene, Antigone, Polyneikes und Eteokles.

In seinem Drama „König Ödipus" gestaltet Sophokles die Aufdeckung des Vatermordes und des inzestuösen Verhältnisses zwischen Mutter und Sohn: Theben wird von der Pest heimgesucht, und bei der Suche nach der Ursache wird klar, dass die ungebüßte Schuld des Ödipus den Grund für die Heimsuchung darstellt. Iokaste tötet sich, Ödipus blendet sich und verlässt Theben. In „Ödipus auf Kolonos" erzählt Sophokles das Ende des Laiossohnes.

Noch während der Lebenszeit des Ödipus kommt es zwischen seinen Söhnen zum Streit um die Vorherrschaft in Theben, der dadurch entschieden wird, dass beide abwechselnd regieren sollen. Als Eteokles sich weigert, die Herrschaft turnusgemäß an Polyneikes zu übergeben, kommt es endgültig zu einer bewaffneten Auseinandersetzung. Zusammen mit seinem Schwiegervater Adrastos, dem König von Argos, zieht Polyneikes gegen Theben. Aischylos hat in „Sieben gegen Theben" den Kampf um die Stadt literarisch gestaltet. Auf Geheiß des blinden Sehers Teiresias opfert der jüngste Sohn Kreons, Megareus, sein Leben für die Rettung Thebens. Die Götter stellen sich auf die Seite des Eteokles, das wird deutlich am Lebensende des Kapaneus, der – Zeus mit beleidigenden Worten herausfordernd – bereits die Stadtmauer erklommen hat und dort von einem Blitz des Zeus erschlagen wird. Schließlich kommt es zum Zweikampf zwischen den beiden Brüdern, der für beide tödlich endet; das Heer des Adrastos flieht. Neuer König von Theben wird Kreon, der Bruder Iokastes. Mit seinem Befehl, Polyneikes die Bestattung zu verweigern, blendet sich die Tragödie „Antigone" am Morgen nach der Schlacht ein.

Sophokles rückt in seinem Drama erstmals die Figur der Antigone in den Mittelpunkt des Geschehens. Auch das Bestattungsverbot ist seine Erfindung. Schadewaldt berichtet dagegen, dass die Leiche des Polyneikes wie die der anderen gefallenen Heerführer verbrannt worden sei: „An den Zug der Sieben gegen Theben und den Tod der beiden Brüder schließt unmittelbar die Geschichte von Antigone an, wie Sophokles sie in seiner Tragödie gestaltet hat. Doch hat Sophokles nach allem, was wir wissen, die Fabel seines Dramas aus dem ihm gegebenen großen Zusammenhang der Labdakidensage so gut wie frei entwickelt. Die Hauptmomente seiner Neugestaltung waren, dass er zunächst einmal in seinem Einzeldrama den Fluch, den Pelops einst über Laios gesprochen hatte, zurückdrängte (...). Sodann hat nach allem, was wir wissen, erst Sophokles die Gestalt der Ödipustochter Antigone in seinem Einzeldrama in die Mitte gerückt. Die ältere Sage wusste allenfalls von Schwester Ismene zu berichten

(...). Diese ältere Sage wusste auch nichts von dem Bestattungsverbot, das über Polyneikes verhängt wird. Vielmehr wird dieser in einigen auf uns gekommenen Nachrichten so wie die anderen vor Theben gefallenen Heerführer auf dem Scheiterhaufen verbrannt. *(Schadewaldt, Hellas und Hesperien, S. 444 ff.)*

3.3 Wirkung

Das 442 oder 441 v. Chr. im Rahmen des Dionysosfestes aufgeführte Drama ist ein großer Erfolg und findet erhebliche Resonanz beim Publikum. Sophokles setzt sich mit „Antigone“ nicht nur gegen zwei Konkurrenten durch und gewinnt den Theaterwettstreit, bei Aristophanes von Byzanz (200 v. Chr.) wird zudem überliefert, man habe Sophokles kurz darauf das Strategenamt von Samos verliehen, ihn also zu einem General neben Perikles gemacht. Dieses Amt kann möglicherweise im Zusammenhang gesehen werden mit dem großen Erfolg der „Antigone“, da die Volksversammlung, also die Gemeinschaft aller Athener Bürger mit Bürgerrecht, den jeweiligen Strategen bestimmen muss.

Der von Sophokles geprägte Stoff hat die Dichter der nachfolgenden Jahrhunderte, besonders aber die Dichter seit der Klassik, beeinflusst und zu Übersetzungen oder Bearbeitungen veranlasst. Die Rezeption der „Antigone“ reicht bis in die Gegenwart; Inszenierungen aus den vergangenen Jahrzehnten bemühen sich um eine Akutalisierung der antiken Vorstellungswelt, aber auch um eine eng an der griechischen Aufführungspraxis orientierte Inszenierung (vgl. 5.3).

4. ZUM DRAMA

4.1 Aufbau des Stücks, Gang der Handlung und Inhaltsangabe

4.1.1 Aufbau des Stücks

Der Aufbau des Stücks ist ein Vorbild für die später in der Poetik des Aristoteles geforderte Idealform der Tragödie (vgl. **Mat. 1**). Sie beachtet sowohl die Ständeklausel als auch die drei Einheiten der Handlung, der Zeit und des Ortes: Der Handlungszeitraum erstreckt sich von frühmorgens bis zum Abend, die Handlung ist vollständig, d.h., sie wird durch einen Anfang begründet, erlebt eine Durchführung und wird abgeschlossen; außerdem spielt die Tragödie durchgehend an einem Ort, vor dem Königspalast in Theben.

Die Tragödie besteht aus sieben Hauptszenen, zwischen denen sechs Chorlieder stehen. Im Einzelnen stellen sich der Aufbau und die Funktion der Szenen folgendermaßen dar:

Szene	Funktion	Personen	Inhalt/Thema	ab ...
Prolog	Exposition	Ismene-Antigone	Antigones Plan Polyneikes zu bestatten	V.1ff.
Parodos (= Einzugslied des Chores)		Chor	Vorgeschichte: Streit zwischen Polyneikes und Eteokles	V.100 ff.
1. Epeisodion (= Auftritt)	(erregendes Moment)	Kreon, Chor, Wächter	Regierungsgrundsätze Kreons Bestattungsverbot	V.162 ff.

			Entdeckung der Tat	
1. Stasimon (= Standlied des Chores)		Chor	Fülle und Grenze menschlicher Macht („Ungeheuer ist viel...“)	V.332 ff.
2. Epeisodion	aufsteigende Handlung	Chor, Wächter, Kreon, Antigone, Ismene	Ergreifung Antigones und ihre Rechtferti-gung Kreons Todesurteil	V.376 ff.
2. Stasimon		Chor	Unheil und Verblendung („Ate“) als Bestandteile des mensch-lichen Lebens	V.583 ff.
3. Epeisodion		Chor, Kreon, Haimon	Kritik Haimons an Entschei-dung Kreons, Kreons Rechtfertigung	V.628 ff.
3. Stasimon		Chor	Macht des Eros	V.781 ff.
4. Epeisodion		Antigone, Chor, Kreon	Abschiedsworte Antigones, Prüfung ihrer Entscheidung	V.800 ff.
4. Stasimon		Chor		V.944 ff.

Szene	Funktion	Personen	Inhalt/Thema	ab ...
			Macht des Schicksals, Beispiele für Gefangenschaft und Tod in Türmen bzw. Felsenhöhlen	
5. Epeisodion	Peripetie	Teiresias (mit einem Knaben), Kreon, Chor	Verurteilung des Bestattungsverbotes, Warnung an Kreon und sein Sinneswandel	V.988 ff.
5. Stasimon	(retardierendes Moment)	Chor	Anrufung des Dionysos und Bitte um sein Kommen	V.1115 ff.
Schlussszene – Exodos (= Auszugslied des Chores)	Katastrophe	Chor, Eurydike Chor, Kreon, Bote	Selbstmord von Antigone, Haimon, Eurydike; Verzweiflung und Reue Kreons; Lob der Besonnenheit	V.1155 ff.

4.1.2 Gang der Handlung

Prolog

(V.1 ff.)

Ismene-Antigone

Am Tag nach dem Tod der Brüder Polyneikes und Eteokles und nachdem in der Nacht das Heer der Argeier abgezogen ist, treffen sich Antigone und ihre Schwester Ismene vor dem Königspalast in Theben. Antigone ist aufgebracht darüber, dass der neue Herrscher, ihr Onkel Kreon, Eteokles bestattet hat, dem Leichnam des Polyneikes aber das Begräbnis verweigert. Einem unbestatteten Toten bleibt die Aufnahme in den Hades verschlossen.

Sollte jemand entgegen dem Erlass Kreons das Begräbnis vornehmen, so wird diesem der Tod durch Steinigung angedroht.

Antigone offenbart Ismene ihren Plan, den Bruder trotz des Verbotes zu bestatten, und bittet sie um Mithilfe bei der Durchführung. Mit dem Hinweis auf das ergangene Verbot und auf das fluchbeladene Geschlecht ihres Vaters Ödipus verweigert Ismene ihre Mithilfe. Antigone ist entschlossen dem Götterwillen, der die Bestattung des Toten als heiliges Gesetz ansieht, öffentlich Folge zu leisten und den Tod als Konsequenz ihres Handelns in Kauf zu nehmen.

Parodos

(V.100 ff.)

Chor

Im Auftrittslied begrüßt der Chor der Ältesten den anbrechenden Tag, der dem Abzug der Feinde folgt. Rückblickend beschreibt er den Angriff des Polyneikes auf die Stadt, den Tod des prahlenden Kapaneus, der bereits die Stadtmauer erklommen hat, und den tödlichen Zweikampf der Brüder. Abschließend lobt er die Siegesgöttin Nike und kündigt ein Fest zu Ehren des Dionysos an, das den vergangenen Krieg vergessen machen soll. Die letzte Strophe der Parodos meldet die Ankunft Kreons, der die Zusammenkunft der Ältesten veranlasst hat.

1. Epeisodion

(V.162 ff.)

Kreon, Chor, Wächter

Antigones bestattet Polyneikes (Plastik aus dem Metropolitan Museum in New York)
(Geisenhanslüke, S.117)

Zunächst stellt Kreon klar, dass er als nächster männlicher Verwandter der Gefallenen das Recht habe, die Regierungsgeschäfte zu übernehmen. In einer Art „Regierungserklärung" betont er seine Grundsätze: das Festhalten an einmal für richtig erachteten Beschlüssen, die

Gleichbehandlung von Freunden und Untergebenen und die Abwendung von allem Schaden von der Stadt. Im Sinne dieser Prinzipien ergeht sein erster Erlass: Da ein Feind der Stadt niemals als Freund behandelt werden dürfe, müsse dem Polyneikes die Bestattung versagt bleiben. Eteokles aber, der sein Leben bei der Abwehr des Angriffs verloren hat, erhalte alle Ehren des Begräbnisses.

Kreon bittet den Ältestenrat um Unterstützung seiner Entscheidung, der Chor erkennt die Herrschermacht an, die hinter dem Edikt steht. Der Aufforderung, keinem Nachsicht zu schenken, der sich dem Edikt widersetze, entgegnet der Chor mit der ausweichenden Antwort, dass angesichts der zu erwartenden Todesstrafe nur ein Narr solche Tat ausführen würde.

Zu diesem Zeitpunkt ist gegen die Verordnung des neuen Herrschers bereits verstoßen worden: Der auftretende Wächter, der die symbolische Bestattung des Leichnams Polyneikes‘ meldet, hat offensichtlich Angst davor, von Kreon für seine Unachtsamkeit bestraft zu werden. Der Chor äußert angesichts der Tatsache, dass der Urheber der Tat unerkannt bleibt, die Vermutung, es könne ein Gott gewesen sein, der den Staub auf den Leichnam gestreut hat. Kreon bestreitet diese Vermutung vehement und lastet einer politischen Oppositionsbewegung diese Tat an. Dem Wächter stellt er die Todesstrafe in Aussicht, sollte er den Täter nicht ergreifen.

Angesichts der Entschlossenheit, mit der Kreon die Regierungsgeschäfte übernimmt und die erste Verordnung erlässt, stimmt der Chor das erste Standlied über die Macht des Menschen an.

1. Stasimon

(V.332 ff.)

Chor

Im ersten Standlied lobt der Chor den Menschen als Beherrscher der Natur. Er befährt trotz Sturmes das Meer, bestellt das Feld, Tiere jagt er oder macht sie sich nutzbar. Der Mensch ist ein sprachbegabtes, denkendes Wesen, das in sich den Wunsch nach einer staatlichen Ordnung trägt. Auf alles, was kommt, weiß der Mensch einen Rat; selbst die Medizin aber kann ihn nicht befreien von der Tatsache, dass er sterben muss. Der Mensch wird als Wesen beschrieben, dass sich immer wieder zwischen gut und böse entscheiden muss. Gesellschaftliche Anerkennung erlangt er, wenn er die göttlichen und staatlichen Gesetze befolgt. Verstößt er gegen das Recht, wird ihm Missachtung zuteil.

Die letzten Verse leiten thematisch über zum Auftritt der auf frischer Tat gefassten Antigone. Die Ältesten können es kaum fassen, dass Antigone das Gesetz des Kreon übertreten haben soll.

2. Epeisodion

(V.376 ff.)

Chor, Wächter, Kreon, Antigone, Ismene

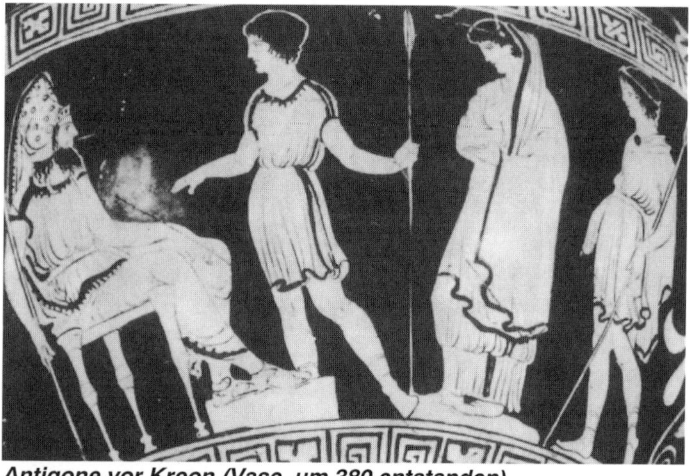

Antigone vor Kreon (Vase, um 380 entstanden)
(Zimmermann, S. 365)

Derselbe Wächter, der im 2. Epeisodion die Nachricht von der symbolischen Bestattung des Polyneikes gebracht hat, führt triumphierend die Täterin vor Kreon und berichtet ihm von der Ergreifung der Antigone: Zusammen mit den anderen Wächtern habe er zunächst den Staub von der Leiche entfernt. Um die Mittagszeit sei dann ein Sturm aufgekommen, der sie gezwungen habe, die Augen zu schließen. Nach dem Abflauen des Sturms haben sie Antigone auf frischer Tat ergriffen, als sie gerade dabei ist, die Begräbnisrituale zu zelebrieren. Am Ende seines Berichtes äußert er zwar Bedauern darüber, dass er Menschen ins Unglück bringen muss, denen er wohlgesonnen ist; das eigene Leben sei ihm angesichts der Drohung mit der Todesstrafe doch wichtiger gewesen.

Antigone gesteht, dass sie Polyneikes trotz des Verbotes zweimal bestattet hat. Kreon schickt den Wächter hinaus, um mit ihr allein zu sprechen.

Auf den Vorwurf, sein Gesetz übertreten zu haben, antwortet Antigone mit dem Hinweis auf das höher zu bewertende göttliche Gesetz, das die Bestattung eines Toten vorschreibt und gegen das sie nicht habe verstoßen wollen. Außerdem sei es die Pflicht eines Familienangehörigen, die eigenen Toten zu begraben.

Der Chor kommentiert die Rede mit dem Verweis auf ihren Vater Ödipus, dessen Charakterfestigkeit sie besitze.

Kreon entgegnet, Antigone müsse dem erlassenen Gesetz gehorchen; ihre Haltung würde als Überheblichkeit ausgelegt, die er als Herrscher ungeachtet der engen verwandtschaftlichen Bindung sanktionieren müsse. Eine positive Interpretation ihrer Tat, so wie sie Antigone entwirft, lässt er nicht zu. Ihr Vergehen muss daher die Todesstrafe zur Folge haben.

Antigone argumentiert in der folgenden Stichomythie mit der öffentliche Meinung, die auf ihrer Seite stehe, und mit der Familienpflicht. Kreon hebt hervor, dass Polyneikes ein Feind der Stadt gewesen sei.

Kreon lässt Ismene rufen, die er der Mittäterschaft verdächtigt. Ismene gibt die Beteiligung an der Tat aus Solidarität mit Antigone zu, doch Antigone weist diesen Anspruch auf Beteiligung mit dem Verweis auf ihre Weigerung zurück. Daraufhin appelliert Ismene an Kreon, den eigenen Sohn nicht der Braut zu berauben. Für Kreon jedoch ist Antigone nur eine potentielle Braut neben anderen; außerdem lege er als Vater Wert darauf, dass sein Sohn eine gute Wahl treffe. Der Tod Antigones löse den Bund zwischen ihr und Haimon.

Die Szene endet mit dem Befehl Kreons, die Schwestern in Fesseln zu legen.

2. Stasimon

(V.583 ff.)

Chor

Das zweite Standlied thematisiert die Ohnmacht des Menschen. Anlass dazu gibt die Ergreifung Antigones und die Verhängung des Todesurteils über sie.

Die Meeresmetaphorik aus dem ersten Stasimon wird aufgriffen und umgedeutet zu einem Symbol für die zerstörerische Kraft der Elemente. Genauso wie dieser Kraft ist der Mensch dem von Göttern auferlegten Familienfluch ausgeliefert, der Unheil über das Leben bringt. In der ersten Gegenstrophe wird die Labdakidenfamilie als Beispiel des göttlichen Geschlechterfluchs genannt, dem Antigone zum Opfer fällt.

Im zweiten Strophenpaar wird zunächst die Allmacht des Zeus gepriesen, der ewig jung bleibt und regiert. Dem ewig gültigen Gesetz, dass Unheil das menschliche Leben begleitet, kann sich kein Mensch entziehen. In der Gegenstrophe wird vor der Verblendung gewarnt. Hoffnung kann als Trost und als Täuschung erscheinen; auch das Schlechte kann kurzfristig als gut erscheinen. In dieser Situation haben die Götter den Menschen bereits mit Unheil überzogen, das bald daraufhin erkennbar wird.

Die Ankündigung des Unheils, das auch die vermeintlich gute Handlung nach sich ziehen kann, lässt sich in der aktuellen Situation der

Tragödie auf Antigone und Kreon beziehen, die beide von der Richtigkeit ihres Standpunktes überzeugt sind.

3. Epeisodion

(V.628 ff.)

Chor, Kreon, Haimon

Kreons Standpunkt wird in dem Gespräch mit seinem Sohn Haimon aus einem neuen Blickwinkel heraus beleuchtet.

Zunächst versichert Haimon seinem Vater, dass er ihm als Sohn gehorsam sein werde, wenn er von ihm auf dem richtigen Weg geführt wird. Die versteckte Anspielung auf die Frage nach der Legitimität der Entscheidung hört Kreon nicht heraus, der zusammen mit dem Chor darauf vorbereitet ist, dass Haimon aus Schmerz um seine Braut zum Vater kommt.

In einer 42 Verse umfassenden Grundsatzerklärung legt Kreon seinem Sohn die Bedeutung von unbedingtem Gehorsam dar:

- Das Verhältnis von Vater und Sohn ist durch Befehl und Gehorsam bestimmt (vgl. V.639-647).
- Haimon soll auf Antigone verzichten, die ihre Schlechtigkeit durch Gehorsamsverweigerung offenbart hat (vgl. V.648-654).
- Antigone sei die einzige in der Stadt, die den notwendigen Gehorsam schuldig geblieben ist; daher ist das Todesurteil notwendig, um die Prinzipientreue des neuen Herrschers unter Beweis zu stellen (vgl. V.655-660).
- Der gute Bürger folgt den Gesetzen des Herrschers, ob sie gerecht oder ungerecht erscheinen. Anarchie würde zur Auflösung der Gesellschaft führen (vgl. V.661-676).
- Das, was Ordnung schafft, muss geschützt werden. Ein Mann darf sich die politische Macht keinesfalls von einer Frau nehmen lassen (vgl. V.677-680).

Der Chor lobt die Ausführungen Kreons als vernünftig.

Haimon bestätigt die Richtigkeit von Kreons Argumenten. Da der Herrscher beim Volk gefürchtet sei und es niemand wage, eine gegensätzliche Meinung vorzutragen, sei es seine, Haimons, Aufgabe, Kreon darüber aufzuklären, dass das Volk die Tat Antigones als lobenswert und ruhmvoll erachte. Haimon unterstreicht, dass ihm das Glück des Vaters am Herzen liege, und er appelliert an ihn, nicht nur eine Meinung gelten zu lassen. Seine Rede gipfelt in der Mahnung die Vernunft zu gebrauchen und zu lernen.

Der Chor gesteht auch Haimon zu, vernünftig gesprochen zu haben.

In der nachfolgenden Stichomythie gewinnt der Dialog an Schärfe: Kreon will in der Sache nicht nachgeben, weil er damit einen Gesetzesverstoß legitimiert. Wenn er auf das Volk und seine Meinung hörte, dann wäre er nicht mehr der Herrscher, dessen Eigentum der Staat ist. Haimon hält dagegen, dass ein Herrscher nicht gegen sein Volk regieren kann. Außerdem erwähnt er das Göttergebot, das die Bestattung vorschreibt. Kreon dagegen wirft ihm vor, sich zum Sklaven einer Frau zu machen. In seinem Zorn befiehlt er die sofortige Hinrichtung Antigones vor den Augen Haimons. Haimon stürzt davon; seine Ankündigung, Kreon werde ihn niemals mehr sehen, deutet auf seinen Selbstmordplan hin.

Nach dem Abgang Haimons eröffnet Kreon dem Chor, dass er für Antigone den Tod in einem Felsengrab vorgesehen habe, damit die Stadt sich nicht mit der Schuld an ihrem Tod befleckt; Ismene dagegen spricht er frei.

3. Stasimon

(V.781 ff.)

Chor

Der Hymnus auf den Liebesgottes Eros zeigt, dass der Chor das Auftreten Haimons und damit den Zusammenstoß mit seinem Vater und die Entscheidung gegen sein Urteil auf seine Liebe zu Antigone zurückführt.

In der ersten Strophe besingen die Geronten die Macht des Eros, die unabhängig von Landes- oder Meeresgrenzen Menschen wie Götter erfasst und ihnen die Sinne verwirrt. In der Gegenstrophe wird gezeigt, wie selbst Gerechte unter seiner Macht in Ungerechtigkeit verfallen, wie Familienbande sich lösen. Eros ist unbesiegbar, das ist die Grundaussage des Lobliedes.

Ziel des 3. Stasimon ist es, das ohnmächtige Ausgeliefertsein des Menschen darzustellen, der durch die Götter auch auf falsche Wege geführt werden kann.

4. Epeisodion

(V.800 ff.)

Antigone, Chor, Kreon

Die Totenklage (der Kommos) Antigones macht die Einsamkeit deutlich, in der sie sich kurz vor dem Betreten der Grabkammer befindet. Sie klagt den Ältesten, dass sie das Glück der Vermählung nicht wird erfahren dürfen, worauf ihr der Chor entgegnet, dass sie dafür in hohem Ansehen stehend und in freier Entscheidung in den Tod geht. Antigone vergleicht sich mit Niobe: Der Sage nach verspottet Niobe die Göttin Leto, weil sie nur zwei Kinder hat. Zur Strafe töten Apoll und Artemis die sieben Kinder Niobes, die aus Schmerz um den Tod ihrer Kinder zu Stein erstarrt. Der Chor weist Antigone darauf hin, dass Niobe aus göttlichem Geschlecht stammt, während Antigone menschlich ist. Dennoch werde sie geehrt und erfahre diese Ehrung noch im Leben.

Antigone fühlt sich verspottet; sie stimmt dem Chor in der Vermutung zu, dass der Labdakidenfluch auch sie ergriffen habe. Der Chor unterstreicht am Ende des Klagelieds nochmals seine anfänglich geäußerte Überzeugung, dass es Antigones eigene Entscheidung gewesen sei, die sie nun in den Tod treibe. „Unbeweint, ungeliebt, unvermählt“ (V.877) sei sie, so klagt Antigone im letzten Wechselgesang des Kommos, bevor es zur abschließenden Auseinandersetzung zwischen ihr und Kreon kommt.

Kreon befiehlt die Ausführung des Urteils, die Einmauerung Antigones, ohne Verzögerung vorzunehmen.

Antigone bezeichnet in Anlehnung an ihre vorangegangenen Ausführungen ihr Grab als „Brautgemach" (V.891) und erwartet, dass sie von ihren verstorbenen Familienangehörigen, denen sie selbst die Bestattungsehren erwiesen hat, in Liebe empfangen wird. Das folgende sogenannte Enthymem (vgl. V.904-920), in dem sie den Vorrang der Bruderliebe vor der Gattenliebe betont und behauptet, dass sie für den Gatten nicht in den Tod gehen würde, ist in seiner Echtheit schon von Goethe als „dialektische(s) Kalkül" *(Goethe, Gespräche mit Eckermann, 28. März 1827)* bestritten worden; es lässt sich allerdings auch verstehen als die Suche Antigones nach einem Trost dafür, dass ihr die Ehe versagt bleibt. Die Klage mündet in die Frage, gegen welches göttliche Gesetz sie verstoßen habe in dem Glauben, richtig, d.h. nach dem Gesetz der Götter, gehandelt zu haben. Der innere Zweifel belegt die Einsamkeit Antigones, die sich von denen verlassen fühlt, deren Gesetze sie befolgt.

Kreon fordert sie auf, jegliche Hoffnung auf Rettung aufzugeben, bevor er die Ausführung des Urteils befiehlt.

4. Stasimon

(V.944 ff.)

Chor

Der Chor der Geronten besingt – möglicherweise in tröstender Absicht – im vierten Standlied das Schicksal mythischer Gestalten, die wie Antigone eingesperrt werden: Danae, die Tochter von König Akrisios von Argos, wird von ihrem eigenen Vater in einem Turm eingeschlossen, nachdem ihm vom Orakel von Delphi prophezeit worden ist, sein eigener Enkel werde ihn töten. Zeus naht sich Danae in einem goldenen Regen und zeugt mit ihr den Helden Perseus.

Lykurgos erleidet in einer Felsenhöhle, wahnsinnig geworden, den Hungertod, nachdem er Dionysos verspottet und die Mänaden, die den Gott anbetenden Frauen, und die Musen, die Gefährtinnen des Gottes, verhöhnt und misshandelt hat.

König Phineus heiratet Kleopatra, die Tochter des Windgottes Boreas, und hat mit ihr zwei Söhne. Auf Veranlassung seiner zweiten Frau, Idaia, verstößt er Kleopatra; ihre Söhne werden geblendet und in einem Felsengrab dem Hungertod preisgegeben.

Der mythologische Kontext ist den Zuschauern klar; sie können ihn entweder als troststpendenden Grabgesang auf Antigone verstehen – die leidende Danae wird schließlich durch göttliches Wirken erhöht, die Brüder der Kleopatra rächen ihre Schwester – oder als eine Vorausdeutung auf die am Ende sich vollziehende Erkenntnis Kreons: Der rasende König Lykurg kommt durch göttliches Einwirken zur Einsicht.

5. Epeisodion

(V.988 ff.)

Teiresias, Kreon, Chor

Der Auftritt des blinden Sehers Teiresias, der von einem Knaben geführt wird, hält die von Kreon ausgelöste Katastrophe zwar nicht mehr auf, er bewirkt aber insofern eine Peripetie, als Kreon nach dem Gespräch mit dem Seher erfolglos versucht, die tödlichen Folgen seiner Entscheidung zu verhindern. Am Ende des Dramas tritt der gebrochene König auf, der – wie im vierten Stasimon thematisch angedeutet – zur Einsicht in sein Fehlverhalten kommt.

Teiresias berichtet Kreon zunächst von seinem Opfer, das von den Göttern nicht erhört worden sei. Er interpretiert diesen Befund als Aufforderung an Kreon, endlich zur Einsicht zu kommen und den Toten zu bestatten.

Kreon vermutet hinter dem Appell Gewinnsucht. Seiner Meinung nach haben Seher nur materielle Interessen. Selbst wenn Tiere Leichenteile vor den Altar des Zeus tragen würden, würde er nicht von seinem Bestattungsverbot abstehen. In dieser Gotteslästerung ist der eigentliche Höhe- und Wendepunkt der Tragödie erreicht; die letzte Möglichkeit für Kreon, die Folgen seiner Entscheidung abzuschwächen, ist verstrichen.

In einer schnellen Wechselrede (Stichomythie) eskaliert die Auseinandersetzung zum Streit, weil Kreon Teiresias Gewinnstreben vorwirft, während es dem Seher uneigennützig um eine Verhaltensänderung des Herrschers geht.

Die Verstockheit Kreons macht den Seher so wütend, dass er Kreon nicht nur warnt, sondern eine konkrete Prophezeiung enthüllt: Kreon werde in kurzer Zeit einen Angehörigen verlieren, weil er Polyneikes die Bestattung verweigert und Antigone unschuldig zum Tode verurteilt hat. Der Kern seiner Argumentation ist Kreons Verstoß gegen göttliche Gebote; daher werden ihn die Rachegöttinnen, die Erinnyen, verfolgen.

Nach dem Abgang des Sehers erhält der sichtlich erschütterte Kreon vom Chor den Rat, Antigone zu befreien und Polyneikes zu bestatten. Seine letzten Worte vor dem Abgang deuten an, dass er aus Angst vor den Folgen einer Missachtung von bestehenden göttlichen Gesetzen nun gehorchen will.

5. Stasimon (V.1115 ff.)

Chor

Dass der Chor wie Kreon die Hoffnung hegt, alles könnte sich noch zum Guten wenden, macht das fünfte Chorlied deutlich: Die Ältesten stimmen einen Anrufungshymnus auf den Gott Dionysos als Schutzherrn Thebens an und bitten um Entsühnung der Stadt: In der ersten Strophe sprechen sie ihn mit verschiedenen Kultnamen an. Da die Mutter des Dionysos, Semele, aus Theben stammt, gilt die Stadt als seine Heimat. In der zweiten Strophe werden die von ihm besonders bevorzugten Orte genannt; in der folgenden Strophe erfleht der Chor mit dem Verweis auf frühere Hilfeleistungen den Beistand des Gottes. In der letzten Strophe wird mit vier Ausrufen das Kommen des Gottes herbeigesehnt; in einem dionysischen Freundentaumel endet der Hymnus.

Das fünfte Stasimon steht sowohl im Kontrast zur Handlung des vierten Epeisodions als auch zu den Ereignissen in der folgenden Exodos: Als Reaktion auf die Prophezeiung des Teiresias legt es die mangelnde Erkenntnis des Rates in die Unabwendbarkeit der Prophezeiung offen; im Hinblick auf die folgende Exodos wird die Kontrastwirkung dadurch erzielt, dass statt der erhofften Ankunft des Retters Dionysos der Bote mit der Nachricht vom Tode Haimons auf die Bühne kommt.

Schlussszene – Exodos

(V.1155 ff.)

Chor, Eurydike, Kreon, Bote

Die Schlussszene präsentiert in drei Bildern die Vernichtung Kreons und seiner Familie.

1. Bild: Zunächst räsonniert der Bote über die Macht des Schicksals, das Glück und Unheil bescheren kann. Er teilt dem Chor dann mit, dass Haimon sich selbst getötet hat, worauf der Chor sich betroffen an die Prophezeiung des Teiresias erinnert.

2. Bild: Eurydike, die aus dem Haus kommt, hat die Nachricht vom Tod ihres Sohnes bereits gehört und verlangt vom Boten Aufklärung über den Hergang des Geschehens. Der Bote berichtet, dass er zusammen mit Kreon zunächst Polyneikes bestattet hat, um dann zur Felsengruft Antigones zu eilen. Dort habe man Antigone in einer Schlinge erhängt gefunden. Der klagende Haimon habe sich mit einem Schwert zunächst auf den fliehenden Kreon gestürzt, sich dann aber selbst den Tod gegeben. Nach dieser Schilderung verlässt Eurydike wortlos die Bühne.

3. Bild: Der Chor kommentiert den Auftritt Kreons, der mit Haimons Leiche auf die Bühne kommt, mit dem Hinweis auf das selbstverschuldete Unheil, das den Herrscher getroffen hat. Im Kommos sieht Kreon ein, dass er zu spät eingelenkt hat. Der Bote bringt ihm die Nachricht vom Tode seiner Frau, die ihrem Gatten noch im Sterben

die Schuld für die Vernichtung der Familie angelastet habe. Kreon wünscht sich darauf den Tod, doch der Chor weist ihn auf die Macht des Schicksal hin, der sich auch Kreon unterzuordnen habe.

Die Tragödie schließt mit der Lehre, vorgetragen vom Chor der Geronten: Er lobt die Besonnenheit und verlangt die strikte Einhaltung der göttlichen Gesetze.

Der Chor hat somit die Wendung auf die Seite Antigones vollzogen und erkennt indirekt die höhere Legitimation ihrer Tat mit den Schlussversen an.

4.1.3 Inhaltsangabe

Die Tragödie „Antigone" von Sophokles, die 442 oder 441 v. Chr. ihre Aufführung erlebte, behandelt die Frage nach den Grundlagen und den Grenzen menschlichen Handelns am Beispiel der dem Labdakidengeschlecht entstammenden Antigone. Als mythologischer Hintergrund ist ferner der Kampf des Polyneikes um die ihm rechtmäßig zustehende Herrschaft über Theben zu denken, der mit seinem eigenen Tod und dem seines Widersachers, seines Bruders Eteokles, endet.

Die Handlung des Dramas ist in sieben Hauptszenen eingeteilt, zwischen denen jeweils ein Chorlied steht. Sie setzt am frühen Morgen des Tages, der nach dem Tod der beiden Brüder folgt, ein. Antigone teilt ihrer Schwester Ismene mit, gegen das Bestattungsverbot Kreons, des neuen Herrschers, handeln zu wollen und Polyneikes diese Ehre zu erweisen. Sie begründet ihre Haltung mit dem Göttergebot, das die Bestattung eines Toten zur heiligen Pflicht macht, und geht ab, um die Tat auszuführen.

Kreon, der sich als grundsatztreuer und strenger Herrscher darstellt, erlässt das Bestattungsverbot, weil er in Polyneikes einen Feind sieht, der Theben mit Krieg überzogen hat. Als ihm ein Wächter die Nachricht von der symbolischen Bestattung des Toten überbringt, verlangt Kreon unter Androhung der Todesstrafe die Aufklärung des Tatbestandes. Kurze Zeit später kann derselbe Wächter die Ergreifung Antigones melden, die versucht hat, Polyneikes ein zweites Mal zu begraben. Gegenüber Kreon rechtfertigt sie sich mit dem Hinweis auf Göttergebot und Familienpflicht. Kreon sieht in ihr nur eine Straftäterin, über die er das vorgesehene Urteil verhängen wird.

Im Gespräch mit seinem Sohn Haimon, dem Verlobten Antigones, erläutert Kreon seine Haltung und fordert gleichzeitig Gehorsam. Haimon appelliert dagegen an die Einsicht des Vaters und bittet ihn zu erkennen, dass die Tat Antigones beim Volk als ehrenhaft eingestuft wird. Sollte Antigone sterben, so deutet Haimon seinen Selbstmord an, so werde der Vater auch ihn zum letzten Mal gesehen haben.

Auf ihrem Weg ins Felsengrab klagt Antigone darüber, von keinem Unterstützung für ihre Tat erhalten zu haben und nicht zu wissen, gegen welches göttliche Gesetz sie verstoßen habe. Ihr einziger Trost sei es, im Tod von den Angehörigen empfangen zu werden.

Nachdem Kreon die Ausführung des Urteils befohlen hat, teilt ihm der blinde Seher Teiresias mit, dass Kreon bei Ausführung seines Urteils mit der Verfolgung durch die Erinnyen zu rechnen hat, da er einem Toten die Bestattung versage und eine Unschuldige, gemeint ist Antigone, hinrichten lasse. Aus Angst vor den Folgen befiehlt Kreon die Befreiung Antigones; in der Schlussszene wird klar, dass seine Verhaltensänderung zu spät kommt: Nach Antigone sterben auch Kreons Sohn und Eurydike, Kreons Gattin, durch eigene Hand; Kreon bleibt am Ende des Tages als gebrochener Mann zurück.

Die Hauptszenen sind von Chorliedern, sogenannten Stasima, unterbrochen, mit denen der Chor der Geronten die Handlung durch Beispiele aus der Mythologie kommentierend begleitet. Vor der Schlussszene ruft der Chor den Schutzherrn Thebens, den Zeussohn Dionysos, an, zu dessen Ehren die Tragödienaufführung im Rahmen seines Gottesdienstes stattfindet.

Die Aussage der Tragödie lässt sich aus den Schlussversen des Chores entnehmen, in denen die Besonnenheit gelobt wird. Sie bedeutet im Kontext der Handlung die Spannung zwischen Götterwillen und menschlichem Freiheitsanspruch, der sich in Kreons Gesetzgebung für die Polis zeigt. Besonnenheit heißt, dass menschliche Entscheidungen hinsichtlich ihrer Legitimationsgrundlagen, seien sie familiärer, politischer oder religiöser Art, überprüft werden müssen. Eigenmächtiges Handeln ist ein Ausdruck der Verblendung, die zu Unheil führt.

Mit der Absage an despotisches, nur dem eigenen Gewissen unterworfenes Tyrannentum lässt sich vor dem Hintergrund der athenischen Polis-Demokratie möglicherweise auch der Erfolg der Tragödie erklären: Die erste Aufführung der „Antigone" im Jahre 442 oder 441 v. Chr. erntet nach Auskunft des alexandrinischen Gelehrten Aristophanes von Byzanz großes Lob. Sophokles erhält kurz darauf das Stratengenamt auf Samos, was möglicherweise im Zusammenhang mit der erfolgreichen Aufführung gesehen werden kann.

Der Stoff ist später zudem in zahlreichen Bearbeitung mit je eigener Akzentsetzung gestaltet worden, so z.B. von Euripides (485-406 v. Chr.) in „Phonissai (entstanden um 410 v. Chr.), Seneca (zw.4 v. Chr. und 1 n. Chr. - 65): „Phoenissae" (entstanden im 1. Jh. n. Chr.), Jean Racine (1639-1699): „La Thébaide ou Les Frères ennemis (1664), Martin Opitz (1597-1639): „Antigone" (1636), Johann Christian Friedrich Hölderlin (1770-1843): „Antigonä" (1804), Walter Hasenclever (1890-1940): „Antigone" (1917), Jean Anouilh (1910-1987): „Antigone" (1942), Bertolt Brecht (1898-1956): „Antigone des Sophokles" (1948). Epische Bearbeitungen schaffen einen neuen Zeithintergrund für Antigones Tat: Rolf Hochhuth (geb. 1931): „Die Berliner Antigone" (1963), Elisabeth Langgässer (1899-1950): „Die getreue Antigone" (1947). Eine politische Aktualisierung vor dem Hintergrund terroristischer Anschläge in Deutschland unternehmen Volker Schlöndorff und Heinrich Böll in dem Episodenfilm „Deutschland im Herbst" aus dem Jahre 1978. Dort wird diskutiert, ob die Fernsehausstrahlung einer „Antigone"-Aufführung angesichts der innenpolitischen Situation in Deutschland nicht zu gewagt ist.

Neuere Inszenierungen personfizieren in Antigone den Widerstand gegen ein höheren Prinzipien widersprechendes Gesetz und erweisen so die Aktualität der antiken Tragödie, die diese Deutung durchaus nahe legt; allerdings macht das Beispiel der Antigone auch mögliche persönliche Folgen solchen Widerstandes drastisch klar.

4.2 Sachliche und sprachliche Erläuterungen

V.1	„Ismene“: Die Schauspieler müssen mit Namen angesprochen werden, damit sie vom Zuschauer eingeordnet werden können. Das Kostüm – ein langes, reich verziertes Gewand – erlaubt keine individuelle Charakterisierung.
V.8	„Der neue Führer“: Kreon
V.10	„unsern Lieben“: Polyneikes „Feinde“: Kreon
V.23ff	Ruhe erfährt die Seele des Toten in griechischer Vorstellung erst nach einer – auch nur symbolisch vorgenommenen – Bestattung.
V.25	„Bei den Verstorbenen in Ehren steht“: Die Seele des Toten lebt im Hades weiter.
V.50	Der Vater Antigones, Ödipus, ist verhasst, weil seine Taten (Ermordung des Vaters, Heirat der eigenen Mutter) die Pest über die Stadt gebracht haben.
V.65	„(...) denen unterm Boden“: Dahinter steht die Vorstellung, dass die Toten und ihre Götter auf das Leben des Menschen Einfluss nehmen können; Orest beispielsweise wird nach dem Mord an seiner Mutter von Rachegöttinnen verfolgt.
V.101f.	„(...) dem siebentorigen/Theben“: Hauptstadt Böotiens mit sieben Toren; das ägyptische Theben hat hundert Tore.
V.104	„Dirke“: Quelle im Westen von Theben

V.105 „(...) den waffenmächtigen Feind“: Adrast, König von Argos, kommt Polyneikes zu Hilfe und überlebt als einziger die Schlacht. Zehn Jahre später führt er die Nachkommen der Gefallenen erneut vor Theben und zerstört die Stadt.

V.122 „Hephaistos“: der griechische Gott des Feuers und der Schmiedekunst; hier übertragener Ausdruck für „Feuer“.

V.126 „Drachen“: Anspielung auf Theben, dessen Stammväter fünf Krieger sind, die aus den Zähnen des von Kadmos erschlagenen Drachens entstanden sind.

V.130-133 Gemeint ist der Argiverfürst Kapaneus, der, nachdem er die Stadtmauer bereits erklommen hat, stolz verkündet, noch nicht einmal ein Blitz des Zeus können ihn nun aufhalten. Zur Strafe wird er von einem Blitz erschlagen. Dies zeigt deutlich die Parteinahme der Götter für Eteokles, nachdem ein Sohn des Kreon, Megareus, sein Leben für die Rettung der Stadt zum Opfer gebracht hat.

V.140 „Ares“: Kriegsgott (römisch: Mars). Aus seiner Verbindung mit Aphrodite entstammt Eros.

„Renner zur Rechten“: Das rechte der beiden Rennpferde ist stärker und das den Sieg entscheidende.

V.143 „Preis“: die Rüstung des erschlagenen Gegners.

V.148 „Nike“: Siegesgöttin (römisch: Victoria).

V.149 „wagenprangendes Theben“: Theben ist wegen seiner Wagen und Pferde berühmt.

V.154 „Bakchos“: römischer Name für griech. „Dionysos“, Gott des Weins und der Fruchtbarkeit, Sohn des Zeus und der Semele. Bacchus wird in Theben in besonderer Weise verehrt (vgl. V.1115ff.).

V.165 „Laios“: Vater des Ödipus

V.174 „Nächstverwandten der Gefallenen“: Kreon legitimiert seine Herrschaft durch die Verwandtschaft mit den Labdakiden: Er ist als Sohn des Menoikeus der Bruder der Iokaste und damit der Schwager (und Onkel) des Ödipus.

V.207ff. Die Entscheidung, Polyneikes nicht bestatten zu lassen, wird nicht mit persönlichem Interesse, sondern ausschließlich patriotisch und sitttlich begründet.

V.211-222 Der Dialog zwischen Kreon und dem Chor zeigt das innere Widerstreben des Chores gegen die ergangene Anordnung. Einen direkten Widerspruch gegen das Bestattungsverbot wagt der Chor nicht.

V.246ff. Die Bestattung des Toten ist durch das Bestreuen mit Staub symbolisch vollzogen.

V.256 „(...) wie um den Fluch zu bannen“: Unbestattete Leichen sind den Göttern nicht nur ein Gräuel, sondern auch ein Verstoß gegen die Verpflichtung, die Leichen gefallener Landesverräter zumindest außerhalb des Stadtgebietes zu bestatten.

V.264 „Durchs Feuer wären wir gegangen“: Solche Feuerprobe als Gottesurteil findet man in der Antike selten; im germanischen Kulturraum ist sie wesentlich häufiger anzutreffen.

V.319 „Der Täter kränkt dein Herz, ich nur dein Ohr“: Hinweis auf die mangelnde Gerechtigkeit Kreons.

V.332 ff. Das Chorlied „Ungeheuer ist viel und nichts/Ungeheurer als der Mensch“ ist wahrscheinlich ohne direkten Zusammenhang mit der Handlung des Dramas entstanden.

V.335 „Notos“: Südwestwind

V.337 „Erde“: Gemeint ist Gaia, die Mutter aller Götter und Menschen.

V.397 „kein Los“: In der ersten Wächterszene hat der Überbringer der schlechten Nachricht von der Bestattung ausgelost werden müssen; das Überbringen der guten Nachricht geschieht freiwillig.

V.431 „Grabesspende“: Milch, Wein und Honig

V.446 Der Schaupieler, der den Wächter spielt, verkörpert auch Ismene. Vor ihrem Auftritt muss er daher abgehen.

V.451 „Dike“: Göttin des Rechts. Sie herrscht auch im Totenreich.

V.469f. Die Verse stehen in Klammern, da sie mit großer Sicherheit nicht von Sophokles stammen.

V.497 „Willst du noch mehr, als dass ich sterben muss?“: Antigone führt Kreon die Grenzen seiner Macht vor Augen.

V.506f. Die Verse stehen in Klammern, da sie mit großer Sicherheit nicht von Sophokles stammen.

V.507 „Das siehst nur du von Kadmos' ganzem Volk“: Kreon wirft ihr vor, mit ihrer Meinung alleine dazustehen.

V.573 „Mehr als genug kränkst du und deine Ehe!“: Damit ist gemeint, dass die von Ismene ins Gespräch gebrachte Ehe zwischen Antigone und Haimon verletzend sei.

V.594 „Labdakos“: Großvater des Ödipus und Enkel des Kadmos, des Gründers von Theben.

V.635ff. Im Gespräch mit Kreon versucht Haimon deutlich zu machen, dass er seinen Vater vor einer Handlung bewahren will, die vom Volk abgelehnt wird, weil sie gegen die Gebote des Götter gerichtet ist (vgl. V.745). Indem Kreon seinem Sohn vorwirft, er sei einer Frau hörig, entzieht er sich der sachlichen Diskussion.

V.753 „So stirbt sie und vernichtet einen zweiten“: Selbstmorddrohung

V.776 „Damit die Stadt dem Fluche ganz entgeht“: Es ist Kreons Anliegen, eine auf die Tötung Antigones möglicherweise folgende Verfluchung Thebens abzuwenden.

V.777 „Hades“: Griechischer Gott der Unterwelt, der zusammen mit seiner Frau Persephone das Totenreich beherrscht. Er ist der Sohn des Kronos und der Bruder von Zeus und

Poseidon. „Hades“ gilt auch als Bezeichnung für die Unterwelt selbst.

V.781 „Eros“: „Gott der Liebe (im Griechischen bezeichnet ‚Eros‘ die geschlechtliche Liebe). Die Römer nannten ihn Amor (Liebe) oder Cupido (Begehren). Über diese Gottheit kennt die griechische Überlieferung mehrere voneinander abweichende Berichte. Nach Hesiods ‚Theogonie‘ wurde Eros am Beginn der Zeiten, zusammen mit Tartaros und Gaia, aus dem Chaos (der Leere) geboren; er bewirkte die Verbindung des Urvaters und der Urmutter, Uranos (Himmel) und Gaia (Erde), überwachte auch die Ehen ihrer Kinder, der Götter, und später auch die der Menschen. In dieser Darstellung ist Eros kaum mehr als die personifizierte Zeugungskraft, die alles Lebendige erfüllt und seine Fortpflanzung bewirkt – ein Vorläufer der Liebesgöttin Aphrodite. Einer anderen Version zufolge war Eros als ein Sohn der Aphrodite und ihres Geliebten Ares ein viel jüngerer Gott. Im Einklang mit dieser Auffassung wird er in der klassischen Kunst und Literatur als kräftiger, schöner und athletischer Mann geschildert. In der klassischen Zeit galt er auch oft als Schutzgott der gleichgeschlechtlichen Liebe zwischen Männern und Jünglingen. Seine Statue stand in Gymnasien, die Geweihte Schar von Theben nahm ihn als Schutzpratron (...). Als in hellenistischer Zeit die Liebe in Kunst und Literatur immer stärker romantisiert wurde, gewann man eine andere Vorstellung: Eros als geflügelter Knabe mit Pfeilen und Köcher (...). Es entstand der Glaube, dass einige seiner Pfeile vergoldet waren, um in den damit Getroffenen leidenschaftliche Begierde zu wecken, während andere in Blei getaucht waren, um die Menschen von den sie Liebenden abzuwenden; deshalb konnte Eros die Liebe entzünden, aber auch enttäuschen“

(Grant, S.142).

V.799 „Aphrodite“: Griechische Göttin der Schönheit und der sinnlichen Liebe (römische Gottheit: „Venus“). Sie ist entweder eine Tochter des Zeus (nach Homer) oder aus dem Meeresschaum (griech. „aphros“) geboren.

V.812 „Acheron“: Fluss in der Unterwelt.

V.813 „Hymenaios“: Hochzeitslied

V.825 „Tantalos' Tochter“: Niobe gilt als Symbol für Selbstüberschätzung und Leid. Sie war die „(...) Tochter des lydischen Königs Tantalus und der Dione. Sie heiratete Amphion von Theben und gebar ihm sechs Söhne und sechs Töchter (nach abweichenden Quellen jeweils sieben). Am Festtag der Leto in Theben zeigte Niobe Hochmut gegenüber der Göttin, deren zwei Nachkommen, Apollon und Artemis, sie unvorteilhaft mit ihrem eigenen Dutzend Kinder verglich. Leto war über diesen Affront beleidigt und forderte ihre Kinder auf, sie zu rächen. Apollon und Artemis überfielen daher Niobes Kinder mit ihren Pfeilen und töteten sie alle; sie wurden in Theben von den beiden Göttern bestattet. (Nach einer anderen Überlieferung wurden zwei verschont: Chloris, weil sie um Gnade flehte, und Amyklas). Niobe war vom Schmerz überwältigt und bereute die Beleidigung gegen Leto bitterlich, doch es war zu spät. Sie lebte noch so lange, dass sie eine Mahlzeit zu sich nahm; dann verwandelten die Götter sie aus Mitleid in einen Marmorblock, aus dem Wasserströme wie Tränen flossen. Dieser Block stand auf dem lydischen Berg Sipylos“ *(Grant, S.294).*

V.834 „Dämon“: damit ist keine bestimmt Gottheit gemeint, sondern allgemein das göttliche Wesen.

V.854 „Thron des Rechts“: die durch Kreon verkörperte Staatsordnung

V.871 Gemeint ist Polyneikes, der die Tochter des Argiverkönigs Adrastos heiratet.

V.892ff. Anspielung darauf, dass Antigone und Ismene die letzten Nachfahren des Labdakus sind.

V.894 „Persephone“: Gemahlin des Hades, Tochter des Zeus und der Demeter. Zeus erlaubt Persephone auf Drängen ihrer Mutter hin, die Unterwelt jeweils für ein halbes Jahr zu verlassen. Dieser Mythos erklärt das Wiedererwachen der Natur im Frühling.

V.904-920 Die Verse stehen in Klammern, da sie mit großer Sicherheit nicht von Sophokles stammen: Es geht Antigone nicht um menschliche „Satzung“ (V.908), sondern um ein „göttliches Gesetz“ (V.921).

V.944 „Danae“: Tochter des Akrisios von Argos und Mutter des Perseus. Nach der Prophezeiung, Akrisios werde durch einen Enkel sein Leben verlieren, wird sie von ihrem Vater in einen Turm gesperrt. Zeus zeugt mit ihr den Perseus, der später Akrisios tötet.

V.956 „der Edonen Fürst“: Gemeint ist Lykurgos, König der thrakischen Edonen, der wegen seiner Verspottung des Dionysoskultes in eine Felsenhöhle gesperrt wird und verhungert.

V.966-989 Oreithyia, Tochter des Athenerkönigs Erechtheus, wird von dem Windgott Boreas nach Thrakien entführt und bringt dort Kleopatra zur Welt. Diese heiratet Phineus, der die thrakische Küste von Salmydessos, nördlich des Bosporos, beherrscht, in dessen Nähe auch ein Heiligtum des Ares liegt. Nach der Geburt zweier Söhne verstößt Phineus Kleopatra und heiratet Idaia. Seine zweite Frau blendet die beiden Söhne aus der ersten Ehe ihre Mannes, weil sie sie angeblich vergewaltigt haben, und lässt sie zusammen mit Kleopatra in eine Felsenhöhle einmauern.

V.985 „Boreade“: Kleopatra

V.987 „Moiren“: Schicksalsgöttinnen. Trotz ihrer edlen Abkunft wurde auch Kleopatra von den Schicksalsgöttinnen ergriffen; nach der Mythologie sind dies Klotho, die den Lebensfaden spinnt, Lachsis, die das Lebenslos zuteilt, und Atropos, die den Lebensfaden abschneidet.

V.993 Anspielung auf die Weissagung des Teiresias, Kreon müsse seinen Sohn Megareus opfern, um die Götter gnädig zu stimmen. Megareus nimmt sich selbst das Leben, die Thebaner gewinnen den Kampf gegen das Heer der Argiver.

V.999 Die Vogelschau, die wahrscheinlich von Babylon nach Griechenland gekommen ist, ist eine Form der Weissagekunst, die aus Flugrichtung und -formation Aufschlüsse über die Zukunft gewinnen will.

V.1005 Da Teiresias aus der Vogelschau keine Prophezeiung ableiten kann, versucht er es mit der Eingeweideschau bei Opfertieren.

V.1038 Sardes in Kleinasien und Indien sind im Altertum für ihren Goldreichtum berühmt.

V.1066 „Da gibst du einen deines eignen Bluts“: Vorausdeutung auf Haimons Tod

V.1068 „Der Obern eins“: Antigone

V.1115 „Namenreicher! Wonne der Kadmostochter“: Der Sohn der Kadmostochter Semele und Zeus ist Dionysos, der unter zahlreichen Namen, z.B. Bacchos, Lyaios, Euios, Iakchos, Bromios, verehrt wird.

V.1120 „Deo“: Demeter, Göttin der Fruchtbarkeit, des Wachstums, Mutter der Persephone

„Eleusischer Deo“: Deo und Bacchus werden in Eleusis verehrt.

V.1124 „Ismenos“: Fluss durch Theben

V.1125 „Saatgefilde des Unholddrachen": Anspielung auf den Gründungsmythos Thebens: Kadmos sät die Zähne des erlegten Drachen aus, sofort wachsen kampfbereite Männer aus der Saat.

V.1127 „Mänade": sich wild gebärende, rasende weibliche Person

V.1129 „Korykische Nymphen": weibliche Naturgottheiten, benannt nach der korykischen Grotte an den Hängen des Parnassos.

V.1130 „Kastalias Quell": Quelle in Delphi, in der Nähe wird zur Wintersonnenwende ein Dionysosfest gefeiert.

V.1131 „nysischer Hügel Efeuhänge": Efeu als heilige Pflanze des Dionysos, der in Nysa von Nymphen erzogen wird, nachdem seine Mutter, Semele, bereits vor seiner Geburt gestorben ist. Semele will Zeus mit seiner ganzen Macht erleben; seinem Anblick hält sie nicht stand, sie wird von dem Blitz erschlagen. Zeus nimmt sich daraufhin des Ungeborenen an und bringt es zur Welt; Dionysos heißt daher „zeusgeboren".

V.1134 „Euoi": Ausruf der Anhänger des Dionysoskultes

V.1139 „Die im Blitz dein genas": Damit ist Semele gemeint (vgl. Anm. zu 1131).

V.1145 „Tosender Sund": der Euripos, Meerenge, die Euboia von der Ostküste Mittelgriechenlands trennt.

V.1152 „Iakchos": Dionsysos

V.1155 „Amphion": König von Theben, Gemahl der Niobe

V.1185 „Pallas": gemeint ist die Stadtgöttin Pallas Athene.

V.1191 „Nicht unerprobt im Leid": Hinweis auf den Verlust ihres Sohnes Megareus

V.1199 „Wegegöttin": Unterweltgöttin Hekate, wird an Gräbern und Kreuzwegen verehrt (oft mit Persephone gleichgesetzt).

V.1250 Die Öffentlichkeit ist nicht der Ort für die Totenklage.

V.1303 „ein gepriesner Tod“: Der Tod des Megareus ist ehrenvoll, weil er sich für den Sieg Thebens umgebracht hat.

4.3 Personenkonstellation und Charakteristiken

Die „Antigone“ stellt sich im Wesentlichen als ein Zweifigurendrama dar; um den Konflikt zwischen Antigone und Kreon um Frage des Bestattungsverbotes gruppieren sich die anderen Figuren, wobei sich die Haltung von Kreon und Antigone zu diesen anderen Figuren daran entscheidet, wie jene zu der Bestattungsfrage stehen.

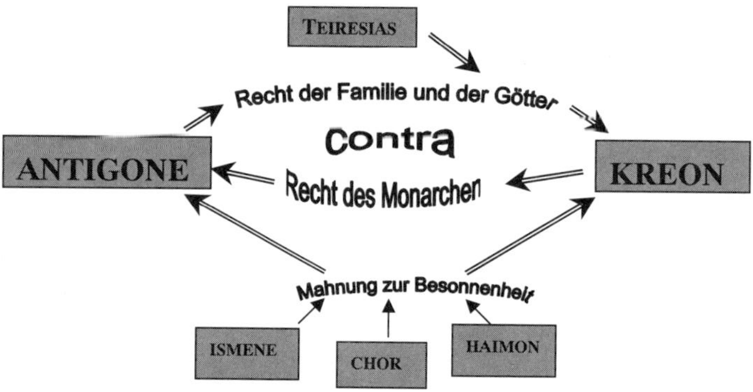

Sowohl **Kreon** als auch Antigone berufen sich zur Begründung ihrer Haltung auf Recht und Gesetz. In seiner „Regierungserklärung“ f\374hrt der gerade neu eingesetzte Herrscher aus, dass es das Recht und die Pflicht des Monarchen sei, das zu tun, was seiner Meinung nach Schaden von der Stadt abwendet: „Ich schweige niemals, wenn ich statt des Heils / das Unheil meinem Volke nahen sehe“ (V.185f.). Aus diesem Grund lässt er Antigone außerhalb der Stadt einmauern, versorgt sie aber gleichzeitig mit Nahrungsmitteln (vgl. V.775), weil er hofft, die Stadt von der Schuld an ihrem Tode zu entlasten: „Vom Grabgewölbe lasst, wie ich befahl, / Sie dort allein, ob sie nun sterben möchte, / Ob weiterleben unter solchem Dach. / So sind wir unbefleckt von ihrem Tod, / das Wohnrecht nur hier oben ist sie los.“ (V.885-890).

Der Monarch muss seiner Meinung nach Gehorsam fordern (vgl. V.656), er hat willensstark zu sein und darf seine Verwandten und Freunde nicht anders behandeln als seine Untertanen: „Für mich ist einer, der ein ganzes Volk / zu führen hat und nicht an seinen besten / Entschlüssen festhält, sondern ängstlich schweigt, / ein Feigling, und so dachte ich schon immer / wem aber höher als sein Vaterland / die Freunde stehn, der ist für mich nichts wert“ (V.178-183). Polyneikes habe sich durch seinen Angriff auf die Stadt als Feind erwiesen, daher verweigert Kreon ihm die Bestattung: „Und zu keiner Zeit / Werd ich den Schlechten vorziehn dem Gerechten. / Wer aber einsteht für sein Volk, der wird / von mir geehrt im Leben und im Tod“ (V.207-210).

Diese Grundsätze klingen als Prinzipien für absolutistische Herrschaft nicht nur plausibel, sie drücken auch ein hohes Verantwortungsgefühl gegenüber dem Gemeinwesen aus. Die dichterische Kunst des Sophokles besteht darin, dass er diese Prinzipien mit anderen, gleichfalls einleuchtend erscheinenden Prinzipien in einen Konflikt bringt und dadurch ihre Schwachstellen erweist.

Dass Kreons Staatsauffassung absolutistisch geprägt ist, zeigt sich bereits zu Beginn, wenn er sein Regierungsprogramm mit der Formel: „Das ist mein Wille“ (V.207) beschließt. Diese Aussage bedeutet nichts anderes, als dass er allein dazu befugt ist, nach keinem anderen Maßstab als dem eigenen Gutdünken über das Wohl des Staates zu bestimmen. Kritik erfährt Kreon zunächst nicht; der Rat der Geronten reagiert auf seine Erklärung mit dem Hinweis auf die Souveränität des Herrschers – er vermeidet eine Stellungnahme zum

Inhalt seiner Rede. Neben Antigone ist es später Haimon, der versucht, Kreon die Schwachstellen seiner Herrschaftsauffassung – allerdings erfolglos – zu verdeutlichen.

Vom Ende her betrachtet erweist sich Kreons Vorstellung von Souveränität als tödlich; dabei wird sich Kreon anfangs untreu, als es erstmals um die Anwendung seiner Prinzipien an einem konkreten Fall geht: Entgegen seinem eigenen Grundsatz, Familienmitglieder nicht zu bevorzugen, gibt er Antigone eine Chance, durch eine entsprechende Antwort der Verurteilung zu entgehen. Obgleich die Aussage des Wächters Antigones Schuld bereits erwiesen hat, soll sie die Tat ausdrücklich gestehen (vgl. V.442); dann baut er ihr gewissermaßen eine argumentative „Brücke", wenn er sie fragt, ob sie überhaupt von dem Verbot Kenntnis gehabt habe: „Du aber sag mir – ohne Umschweife, kurz: / Hast du gewusst, dass es verboten war?" (V.446f.).

Erst die Unbeugsamkeit Antigones (V.471: „Des Vaters trotzige Art verrät das Kind") lässt ihm keine andere Wahl, als konsequent seinen Regierungsprinzipien zu folgen und somit ein Mitglied seiner eigenen Familie zum Tode zu verurteilen. Die Verurteilung wird zusätzlich mit zwei Argumenten untermauert: Antigones Ungehorsam macht die Verhängung einer Strafe notwendig, weil einmal erlassene Gesetze unter allen Umständen einzuhalten sind; zum anderen erkennt Kreon die Notwendigkeit einer Strafe, will er sich als Mann nicht dem Vorwurf aussetzen, von einer Frau „regiert" zu werden. Unbestechlichkeit und Unabhängigkeit sind für Kreon die obersten Maxime, die er auch seinem Sohn **Haimon** verständlich machen will. Er darf als Monarch und Vater Gehorsam von seinem Sohn fordern, auch wenn Entscheidungen das persönliche Glück des Betroffenen beeinträchtigen.

Haimon versichert seinem Vater, gehorsam zu sein (vgl. V.635); dies ist überraschend, weil Chor und Kreon als Grund für sein Kommen die Sorge um Antigone vermuten. Es ist vielmehr die Sorge um den Vater und die öffentliche Meinung über ihn, die Haimon umtreibt: „Mir fällt es zu, für dich zu wachen, was man / So sagt und tut und auszusetzen hat. / Dir ins Gesicht wagt der gemeine Mann / nicht auszusprechen, was du nicht gern hörst." (V.688-691). Kreon will seinem Vater bei der Findung des richtigen Urteils helfen; seiner Meinung nach entscheidet sich die Richtigkeit eines Urteils daran, ob auch die Stimme des Volkes berücksichtigt worden ist (vgl. V.733). Kreon versteht diese Auffassung allerdings als einen Machtverlust: „So sagt das Volk mir, was ich soll befehlen?" (V.734).

Haimons Auffassung ist demokratisch, wenn er sich mit der Ansicht, dass der Staat nicht einem Monarchen allein gehört (vgl. V.737), gegen seinen Vater stellt:„Allein herrschst du am besten in der Wüste" (V.739). Darauf weiß Kreon kein Gegenargument; er unterstellt seinem Sohn Eigeninteresse und mangelnde Eigenständigkeit, weil dieser sich von Antigone beeinflussen lasse. Schließlich eskaliert der Streit in der Selbstmordandrohung Haimons (vgl. V.753). Das Gespräch, in dem Haimon seinem Vater aus politischen Gründen zur Besonnheit rät, scheitert am Starrsinn (V.765: „Wahnsinn") Kreons, der ein Einlenken in der Sache nicht zulässt. Seine Auffassung ist streng absolutistisch:„Gilt nicht der Staat als Eigentum des Fürsten?" (V.738), ein Infragestellen der von ihm zum Wohle der Polis erlassenen Gesetze ist unzulässig, Unbestechlichkeit und Prinzipientreue in jeder Lebenslage sind die obersten Tugenden. Kreons Haltung scheint sich durchzusetzen, Antigone wird zur Hinrichtung geführt; erst der Auftritt des Sehers führt dann zu einer Veränderung. Welche Gründe dazu führen, dass er von seinem Grundsatz der Prinzipientreue abweicht, soll im Folgenden untersucht werden:

Kreon hat Haimon vorgeworfen sich in den Dienst seiner Liebe zu Antigone zu stellen; dem blinden Seher **Teiresias** wirft er vor, seine Liebe zum Geld führe ihn zu ihm. Beide Vorwürfe sind unsachlich und geben ein Beispiel für die Verblendung des Herrschers.

Wie Haimon auch so beginnt Teiresias seine Ansprache ruhig, aber eindringlich. Der Vorwurf der Geldgier reizt ihn und beweist ihm gleichzeitig die mangelnde Einsicht des Herrschers, sodass er das Ergebnis der Opferschau als einen Verstoß des Herrschers gegen heilige Gesetze besonders klar herausstellt: Kreon werde in kurzer

Zeit den Tod enger Familienagehöriger zu betrauern haben: „(...) Nicht viele Kreise / vollendet schnellen Laufs der Sonne Rad, / da gibst du einen deines eignen Bluts / als Sühne für die Toten in den Tod, / weil du der Oberen eins hinabgestoßen, / ein Leben ehrfurchtlos ins Grab verbannt, / und einen vorenthältst den Göttern drunten, / Entweiht, entheiligt, ohne Grab, den Toten!“ (V.1064-1071).

Teiresias beruft sich auf die unteren Götter, die ein Recht auf den Toten haben; die Missachtung des Rechtes werde dazu führen, dass die Rachgöttinnen Kreon verfolgen werden (vgl. V.1075f.).

Hat Haimon die Unbesonnenheit des Vaters noch mit „Wahnsinn“ bezeichnet, so steht in dem letzten Satz des Sehers eine ähnliche Wertung in der Prophezeiung, dass Kreon binnen kurzem Besonnenheit lernen werde: Bald lernt er seine Zunge mäßigen / und eines bessern Geistes sein als jetzt“ (V.1089f.).

Nach dem Abgang des Sehers erkennt Kreon, dass die Situation eine Verhaltensänderung erfordert: „Nachgeben? Schrecklich! Aber bleib ich fest, / Schlägt mich das Unheil noch viel schrecklicher“ (V.1096f.). Das Verlassen eines einmal eingenommenen Standpunktes fällt ihm schwer: Nachdem der Chor ihm den Rat gegeben hat, Antigone zu bestatten, macht er klar, dass ein Nachgeben Selbstverleugung bedeutet, Handeln wider die eigenen Grundsätze: „Kaum kann ichs. / Ich verleugne mich und tu's. / Weh dem, der kämpft mit der Notwendigkeit“ (V.1105f.).

Schließlich gibt er doch nach, weil er einsehen muss, dass er einer höheren Gewalt, den Göttern, gegenübersteht. Ansatzweise mag man auch ein Eingeständnis eigener Schuld erkennen (vgl. V.1318f.). Im Abgang noch erneuert er seine Vorstellung vom Gehorsam gegenüber bestehenden Gesetzen: „Es ist das beste, fürcht ich, treu zu bleiben / Bestehenden Gesetzen bis zum Tod“ (V.1114); damit meint er, dass er selbst die Konsequenzen seiner nicht dem Götterwillen gemäßen Gesetze tragen will. Ausdrücklich lässt sich aber keine inhaltliche Änderung im Vergleich zu seiner Regierungserklärung feststellen: Er weicht nur gezwungenermaßen höherer Macht. Der Tod der Angehörigen vernichtet auch seine Existenz: „Ich sehe keinen Weg, nichts, was mich hält. / Nur Wankendes greif ich. Aufs Haupt / brach mir untragbares Schicksal" (V.1342-1346).

Kreon bleibt als gebrochener Mann zurück. Seiner Haltung fehlt die Besinnung auf das, was die Götter wollen – das ist ein Vorwurf, der übrigens auch von Haimon geäußert wird (vgl. V.705ff.). Die Auflehnung gegen göttliche Gebote ist nichts anderes als Überheblichkeit, verlangt wird aber Gehorsam: Nach dem gleichen Muster versucht Kreon zu regieren, ironischerweise wird er am Ende selbst das Opfer dieses Prinzips, wenn seine Haltung als Überheblichkeit qualifiziert wird.

Darüber hinaus wird die Überheblichkeit Kreons dramentechnisch durch das Prinzip der Doppelung hervorgehoben, d.h., dass wesentliche Ereignisse zweimal stattfinden: Zweimal führt Antigone ihre Tat aus, zweimal kommt der Wächter zu Kreon, zweimal treffen Antigone und Ismene aufeinander, mit Haimon und Teiresias wird zweimal der gleiche Gesprächsverlauf dargeboten, nicht nur der eigene Sohn, sondern auch die Ehefrau beenden mit eigener Hand ihr Leben.

Es ist die Überzeugung der **Antigone**, dass Polyneikes „nach Recht und Sitte" (V.23) bestattet werden muss. Antigone will, dass ihre Familie im Tode zusammengeführt ist; sie bezeichnet das als ein heiliges Gesetz der Götter (vgl. V.77). So fordert sie **Ismene** auf, ihr bei der Erfüllung dieser heiligen Pflicht behilflich zu sein; Ismene rät aber zur Besonnenheit und erinnert die Schwester an das tödliche Schicksal der Familie (vgl. V.50-60). Vor allem aber hat Ismene vor den Folgen der verbotenen Handlung Angst; sie will daher das Machtwort akzeptieren. Die Distanzierung Ismenes führt dazu, dass sie von Antigone verachtet wird, und zwar selbst dann noch, als Ismene sich aus Solidarität fälschlicherweise bezichtigt, mit Antigone zusammen die Tat begangen zu haben (vgl. V.536). Ismenes Motivation für die Änderung ihres Entschlusses ist Mitleid (vgl. V.540f.); auch will sie nicht ohne Antigone leben (vgl. V.566). Antigone verweigert der Schwester das Recht mit ihr zu sterben mit dem Hinweis, dass sie sich doch ohnehin immer an Kreon orientiert habe (vgl. V.549). In unversöhnlicher und dogmatischer Weise hat sie für Ismene nur noch

Hohn und Spott übrig und widerspricht damit ihrer Grundüberzeugung von der hohen Bewertung der Familie, die der Hintergrund für die Bestattung des Bruders ist. Auch wenn Ismene nun von Antigone Ablehung erfährt, so erkennt sie in der Aufopferung der Schwester einen Ausdruck der Liebe zu den Verwandten; gleichwohl hält Ismene es für sinnlos, durch den offenen Verstoß gegen ein bestehendes Gesetz bewusst in den Tod zu gehen: „Wenn du's denn willst, so geh. Ich weiß, dein Gang / Ist sinnlos, doch die Lieben liebst du recht" (V.98f.).

Antigone ist überzeugt von der Richtigkeit ihrer Auflehung gegen das Gesetz Kreons. Als Begründung führt sie die Familienpflicht (vgl. V.465-470) und die heiligen Gesetze der Götter an: „An ihnen wollt' ich nicht, weil Menschenstolz / mich schreckte, schuldig werden vor den Göttern" (V.458f.). Daher will sie auch dem Rat Ismenes nicht folgen und die Bestattung in aller Heimlichkeit durchführen: „Nein, laut verkünden sollst du's allen Leuten" (V.86). Sie will ihren Protest gegen das Gesetz des neuen Herrschers unbedingt an die Öffentlichkeit bringen und legt es auch darauf an, bei der Tat gefasst zu werden. Obgleich die erste symbolische Bestattung des Bruders nach der griechischen Vorstellung ausreicht, der Seele die gebührende Ruhe zuteil werden zu lassen, bestattet sie ihn ein zweites Mal; dieser zweite Gang zum Leichnam ist als eine öffentliche Demonstration gedacht, er soll entdeckt werden, damit der öffentliche Protest wirken kann.Vom Ende her betrachtet und angesichts des Schicksals, das Kreon trifft, beweist sie mit dieser Einstellung Weitsicht, da sich der Verstoß gegen die als heilig erachteten Göttergesetze letztlich rächt.

Darüber hinaus setzt sich im Konflikt zwischen Kreon und Antigone in gewisser Weise auch der Streit zwischen Polyneikes und Eteokles fort. Die Konfrontation zwischen dem Recht der Stadt (Eteokles) und dem Familienrecht (Polyneikes) wird entscheidend erweitert und erhöht: In der Auseinandersetzung zwischen Antigone und Kreon stehen auf der einen Seite das Recht einer göttlichen Weltordnung und auf der anderen Seite das Recht einer von Menschen gesetzten irdischen Ordnung: „Der Konflikt zwischen Antigone und Kreon ist mehr als einfach ein Kampf zwischen zwei starken Persönlichkeiten. Sophokles‘ Charaktere (...) stehen auch immer für etwas, das größer ist als sie selbst (...). Es erscheint ein (...) fundamentaler Irrtum, in der Antigone nur den Konflikt zweier Charaktere zu sehen wie nur den Kampf zweier Ideen. Familie und Staat, Mystizismus und Rationalismus, persönliches Gewissen und öffentliches Recht – soweit solche Gegensatzpaare überhaupt etwas Wahres enthalten, ist all das in dem Konflikt zweier grundsätzlicher Auffassungen der Weltordnung inbegriffen. Es dürfte klar sein, dass es sich hierbei nicht um individuelle Auffassungen handelt, die ihren Ursprung in Kopf und Herz der beiden Gegner hätten. Eine unüberbrückbare seelische Kluft trennt Antigone und Kreon in allem, was sie sind und tun und man darf da nicht einfach und unzulänglich von einem ‚Widerstreit der Pflichten‘ oder dem ‚Kampf zweier Willen‘ reden. Alle persönlichen Gefühle und Erfahrungen sind dem Widerstreit zweier entgegengesetzter Überzeugungen vom Sinne des Daseins unterworfen. Antigone glaubt an eine göttliche Weltordnung; Kreon hält sich an irdische Gesetze und Normen, ebenso für den Einzelnen wie für den Staat.“ *(Ehrenberg, S.38f.)*

Antigones wichtigstes Motiv ist also die entschlossene Durchsetzung als heilig erachteter heiliger Gesetze einer göttlichen Weltordnung: „Edle Thebaner, schaut mich an, / die einzige, letzte vom Königsgeschlecht, / was ich leide, von was für Volk, / weil ich Heiliges heiliggehalten“ (V.940-943). Es ist kein göttlicher Plan, der ihren Tod vorsieht, sondern es ist ihre eigene Entscheidung (V.875: „Eigener Drang trieb dich ins Verderben“), für ihre Überzeugung den Märtyrertod zu erleiden.

Neben dem Verweis auf die Heiligkeit des Gesetzes, das ihr Handeln begründet und letztlich ihren Tod bewirkt, erklärt Antigone in ihrem letzten Satz kurz vor ihrem Gang in das Grab, dass sie sich verlassen fühle. Sie sei die „einzige, letzte, vom Königsgeschlecht“ (V.941). Diese Einsamkeit bezieht sich nicht auf den Verlust der nach wie vor lebenden Verwandten, sondern auf die mangelnde Unterstützung, die sie für ihre Position erhält. Weder ihr Onkel Kreon noch Ismene teilen ihre Auffassung von der Heiligkeit des Bestattungsgebotes, und auch der Chor der Geronten versagt ihr an dieser Stelle Hilfe. Der subjektive Eindruck der Verlassenheit verbindet sich mit ihrer Todesbereitschaft, da erst der Tod sie – ihrer Meinung nach – wieder mit ihrer Familie vereint. Auf diesen Zusammenhang hat Käte Hamburger hingewiesen: „Die Todesbereitschaft Antigones hat ihre objektive, ihr selbst bewusste Ursache im Verlassensein von den Ihren, den Blutsverwandten. Aber das Clanbewusstsein ist freilich so tief mit dem Lebensgefühl Antigones verbunden, ja mit ihm identisch, dass Todeswunsch und Clanbewusstsein in dieser Situation ihres Lebens zusammenfließen und zur dramatischen Handlung führen, sich in ihr vereinigen. Und deshalb kann man zur Interpretation der Gestalt sagen, dass sie als eine zutiefst archaische, von einem spezifisch chthonischen Lebensgefühl geprägt sich darstellt, und sie weist nicht zufällig auf die unteren, die chthonischen Götter hin, deren Gebot sie zu folgen habe“ *(Hamburger, S.200).*

Diese Interpretation muss natürlich unterstellen, dass sich Ismene mit ihrer Entscheidung, nicht bei der Bestattung zu helfen, in den Augen Antigones vom Clan entfernt hat. Auch wenn der Chor in seiner Lehre am Ende darauf verweist, dass die heiligen Gesetze befolgt werden müssen, und er damit der Position Antigones inhaltlich Recht gibt, so lässt sich ihr unnachgiebiges Verhalten Ismene gegenüber als eine Art von Überheblichkeit verstehen. Der Appell des Chores, Besonnenheit zu zeigen, ließe sich in diesem Sinne vielleicht auch auf Antigone übertragen.

Die Stellungnahmen des **Chores**, des Rates der Geronten, sind bereits an verschiedenen Orten erwähnt worden. Seine Funktion im antiken Drama ist die eines Gesprächspartners (z.B. V.211-222) und eines Kommentators (vgl. z.B. V.1350-1353). Außerdem kündigt er Auftritte (vgl. z.B. V.155-161) an. In den Standliedern, dem lyrisch-musikalischen Teil der Auftritte, reflektiert der Chor den Mythos; die Dialogstellen werden dagegen von verbalen Auseinandersetzungen dominiert. Im Verhältnis der Dialoge und der Stasima wird also das

Verhältnis von Mythos und Logos repräsentiert. Wenn der Chor Kreon den Rat gibt, nicht mehr seinem eigenen Logos zu folgen, sondern auf Teiresias zu hören, dann wird damit die Gültigkeit des mythischen Weltbildes erwiesen. Der Appell an die Besonnenheit ist eine Mahnung, die menschlichen Entscheidungen auf der Basis heiliger Gesetze zu treffen. Letztlich verlangt der Chor also die Beachtung des Mythos!

Der Schlussvers: „Überhebung büßt mit großem Falle / Großes Wort, dem Alter zu Besinnung“ (V.1351f.), lässt sich nicht nur auf Antigone und Kreon,sondern auch auf den Chor selbst beziehen. Immerhin hat er die Illegalität von Kreons Entscheidung nicht erkannt und sich vielmehr von dem Herrscher einnehmen lassen in seiner Haltung gegen Antigone. Erst nach dem Auftritt des Teiresias bezieht der Chor der Geronten eine klare Position.

Betrachtet man einmal vom Ende her die Stellungnahmen des Chores, so erkennt man, dass sie zum Teil ausweichende, zum Teil aber auch falsche Einschätzungen enthalten:

- Er bestätigt Kreon, dass er in seiner Position als Staatsoberhaupt nach eigenem Gutdünken Gesetze erlassen kann (vgl. V.211-214) und vermeidet damit eine inhaltliche Stellungnahme zum Bestattungsverbot.
- Im ersten Stasimon lobt er den vernunftbegabten Menschen als Beherrscher der Welt und scheint so die Regierungserklärung Kreons zu unterstützen.
- Im zweiten Stasimon wird Antigones Tat und Verurteilung ausschließlich im Zusammenhang mit dem Fluch der Labdakiden gesehen (vgl. V.594ff.).
- Er vermutet, dass Haimon nur aus Sorge um Antigone zu Kreon kommt (vgl.V.628-630).
- Das Loblied auf die Größe des Liebesgottes Eros (vgl. V.781-799) zeigt, dass der Chor das Auftreten Haimons als einen Ausdruck der Liebe zu Antigone versteht. Auch wenn es ein Anlass sein mag, so ist das doch nicht Hauptgrund für Haimons Besuch. Es

entgeht dem Chor, dass Haimon nicht als leidenschaftlicher Liebhaber auftritt, sondern ruhig und vernünftig argumentiert und dabei das Recht der Polis wie auch das Recht der Götter verteidigt.

- Im Dialog mit Antigone sieht der Chor sie selbst als Urheberin ihres Leides (vgl. V.821) und verweist wiederholt auf den Fluch des Labdakidengeschlechts (vgl. V.856). Seiner Meinung nach müssen die Gesetze der Mächtigen unter allen Umständen eingehalten werden (vgl. V.872-875).

Der Chor hat natürlich Recht, wenn er erklärt, Antigone sterbe aus freien Stücken; dass aber die Gesetze des Staates auch die Göttergesetze beachten müssen, das hat er im ersten Stasimon selbst verlangt (vgl. V.368f.). Insofern ist seine Haltung durchaus widersprüchlich; zum Teil scheint sie sogar vom Respekt vor der Macht des Herrschers geprägt. Zuweilen findet man auch Zeichen eines leise angemeldeten Zweifels an der Rechtmäßigkeit von Kreons Entscheidung:

- Der Chor vermeidet es, eine inhaltliche Entscheidung über die Rechtmäßigkeit des Bestattungsverbotes zu treffen und lehnt die Verantwortung, über die Einhaltung des Verbotes zu wachen, ab (vgl. V.215f.).
- Er vermutet eine göttliche Beteiligung bei der Bestattung und weist damit indirekt auf das heilige Recht hin: „Herr! Ob nicht gar ein Gott dies Werk betrieb, / darüber denke ich schon lange nach“ (V.278f.).
- Im ersten Stasimon verweist er auf die Bedeutung der Beachtung von staatlichem und göttlichem Recht.
- Er kritisiert Antigones Tat als „sinnlose(s) Tun“ (V.382), nicht als verbotene Tat.
- Nach der Aufdeckung von Antigones Tat wird im zweiten Stasimon die Ohnmacht des Menschen besungen, dessen Leben sich niemals frei von Unheil erfüllt; vom Ende her lässt es sich als eine Vorausdeutung auf Kreons Schicksal verstehen.

- Die mythologischen Beispiele des vierten Stasimon sind entweder Analogien auf die Verurteilung Antigones mit Trostfunktion (die leidende Danae wird schließlich durch götttliches Wirken erhöht, die Brüder der Kleopatra rächen ihre Schwester) oder Verweise auf das Ende Kreons (der rasende König Lykurg kommt durch göttliches Einwirken zur Einsicht).

Der Chor hat im Dionysoskult die Aufgabe den Gott anzurufen; im antiken Drama stellt er die Verbindung mit dem Mythos her. Die Grundlagen des menschlichen Daseins werden durch den Mythos bestimmt; der Versuch des Menschen, sich kraft des eigenen Verstandes über die göttliche Weltordnung zu erheben, wird bestraft. Im Wirken des Chores kommt der religiöse Charakter des antiken Dramas im Kontext der Dionysosfeier am deutlichsten heraus. Der Gott wird in einem Moment amngerufen, als offensichtlich geworden ist, dass menschliche Unzulänglichkeit eine Katastrophe ausgelöst hat; in der unabwendbaren Zwangsläufigkeit des Geschehens offenbart sich die Folge menschlicher Hybris.

Der **Wächter** fällt aus der Reihe der ernsten Figuren heraus. Als komische Figur hat er eine gewisse Ähnlichkeit mit Sosias in Kleists Drama „Amphitryon", worauf auch Geisenhanslücke hinweist (vgl. *Geisenhanslücke, S.79*). In seiner Ängstlichkeit (vgl. V.239f.) und seinen vorlauten Entgegnungen: „Darf ich was sagen oder soll ich gehn?" (V.315), steckt mitunter auch eine leise Kritik an den Befehlen des Monarchen. Den Bericht über die erste Bestattung des Polyneikes bezeichnet Kreon als „Geschwätz" (V.316). In der Antwort des Wächters: „Beißt's in den Ohren oder in der Seele?" (V.317), spürt man einen Anflug von Kritik, die ganz deutlich wird, wenn man den Vers: „Furchtbar, wenn einer glaubt und glaubt verkehrt!" (V.323), auf Kreon bezieht.

In der Schilderung der Ergreifung der Täterin kommt Sympathie mit Antigone zum Ausdruck; nur die Gefährdung des eigenen Lebens habe ihn dazu gebracht, sie zu verhaften: „Wir überführen sie der ersten Tat / und auch der jetzigen, nichts stritt sie ab. / Das war mit lieb und war mir leid zugleich, / denn selbst der Not entronnen sein macht Freude, / und die ins Unglück bringen, die man gern hat, / Ist traurig. Doch alles nehme ich / natürlich nicht so wichtig wie mein Leben“ (V.434-441).

In der Figur des Wächters können wir eine Personifizierung der öffentlichen Meinung vermuten, die sich davor scheut, sich offen gegen den Herrscher zu artikulieren, und die daher die Mittel der Anspielung und der Ironie zum Ausdruck ihrer Kritik nehmen muss.

4.4 Interpretation: „Antigone“ als Tragödie von der freien Selbstbestimmung des Menschen

Aus dem bisher Gesagten erschließt sich die vorliegende antike Tragödie als ein Drama von der freien Selbstbestimmung des Menschen und von ihrer Begrenzung: Diese Freiheit findet ihre Grenze zum einen an der demokratisch verfassten Polis, zum anderen an den heiligen Gesetzen der Götter. Kreon steht für den in seiner Freiheit scheiternden Menschen, Antigone verkörpert den Widerstand im Namen eines höheren Rechts.

Die Voraussetzungen für ein solches Verständnis werden anhand zentraler Leitfragen im Folgenden erläutert:

Ist das Bestattungsverbot legal?

Hegels einflussreiche Interpretation der „Antigone“ geht davon aus, dass Antigone und Kreon in Bezug auf das Bestattungsverbot gleichwertige Rechtsvorstellungen vertreten: „Auf eine plastische Weise wird die Collision der beiden höchsten sittlichen Mächte gegen einander dargestellt in dem absoluten Exempel der Tragödie, Antigone; da kommt die Familienliebe (...) mit dem Recht des Staats in Collision. (...) Kreon hat nicht Unrecht; er behauptet, dass das Gesetz des Staats, die Auctorität der Regierung geachtet werde und Strafe aus der Verletzung folgt“ (vgl. **Mat. 3**).

Auch Schadewaldt vertritt die These zum Beginn seiner Ausführungen über „Die griechische Tragödie“ (vgl. **Mat. 4**); dann schränkt er ein, dass Kreons Handlung zwar legitim sei – als Herrscher darf und muss er natürlich Gesetze erlassen –, dass sie aber nicht mit dem sozialgeschichtlichen oder verfassungsrechtlichen Hintergrund vereinbar sei, somit also keine Legalität beanspruchen könne. Durch den Erfahrungshorizont der Athener Bürger, die die Aufführung der „Antigone“ verfolgen, wird klar, dass das Bestattungsverbots Kreons gegen Gesetz und Sitte als auch gegen göttliche Gebote verstößt: Schon in der „Illias“ des Homer erscheint Patroklos dem griechischen Helden Achill im Traum mit der Bitte, ihn baldmöglichst zu bestatten, damit er in den Hades eingehen kann *(„Illias“, 23,65)*. Achill zieht sich den Zorn der Götter zu, als er den gefallenen Hektor nicht bestattet, sondern ihn Hunden und Vögeln überlässt *(„Illias“, 24,23)*. Neben diesen literarischen Beispielen für die allgemeine Auffassung von der Notwendigkeit der Bestattung gibt auch ein Gesetz Solons Zeugnis davon, dass Feindschaften mit dem Tod ein Ende haben müssen; nach diesem Gesetz sind selbst die nach der Schlacht von Marathon gefallenen Perser bestattet worden. Selbst Landesfeinden und Verrätern aus dem eigenen Volk wird ein Grab keinesfalls verweigert, auch wenn sie außerhalb der Stadt beigesetzt werden; wenn man unterwegs auf einen unbestatteten Toten trifft und keine Möglichkeit hat ein Begräbnis durchzuführen, so genügt eine symbolische Geste, eine Hand voll Staub. Im Bewusstsein der antiken Zeitgenossen hat es zwar vereinzelt die Vorstellung gegeben, dass die Seelen der Toten auch ohne Bestattung in den Hades gelangen können, nach allgemeinem Glauben irren die Seelen der Unbestatteten aber ruhelos umher. Nichtbestattung gilt demgemäß zunächst als Maßnahme gegen den Toten, dann vor allem gegen den Anspruch der Chthonioi; sie wird in klassischer Zeit, in der die Polis zunehmend das Bestattungsrecht für die in ihrem Namen Gefallenen für sich reklamiert, als religiöser Frevel gewertet (vgl. *Zimmermann, S.302ff.*).

Welche Bezüge zur politischen Situation Athens im 5. Jh. lassen sich feststellen?

Blicken wir auf die politischen Konflikte in der „Antigone“, so erkennen wir konkrete Anspielungen auf die historische Situation Athens: Kreon als Tyrann scheitert, weil er nur seine persönliche Meinung vertritt und keinen Interessenausgleich sucht; insbesondere Haimon verdeutlicht ihm diese Verfehlung: „Allein herrschst du am besten in der Wüste“ (V.739).

Um die historische Einbettung verständlich zu machen, ist es notwendig, einen kurzen Blick auf die Situation in der griechischen Polis um 442/41 v. Chr. zu werfen:

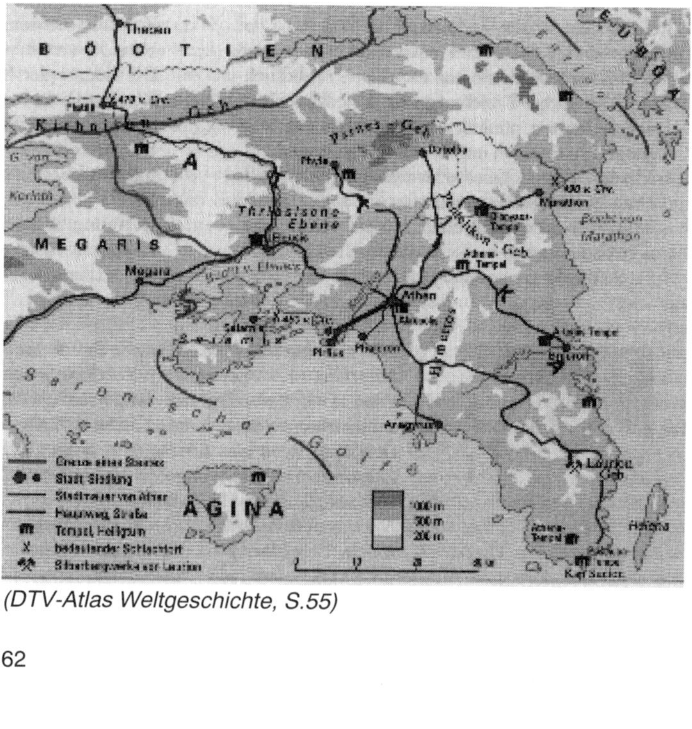

(DTV-Atlas Weltgeschichte, S.55)

Außenpolitisch entwickelt sich Athen nach 449 und dem Sieg über die Perser bei Salamis bzw. der Gründung des Attischen Reiches neben Persien und Karthago zur 3. Großmacht im Mittelmeer. Innenpolitisch werden seit 462 auf Antrag des Perikles, des Führers der Volkspartei, alle politischen Entscheidungen und Rechte an den Rat, die Ausschüsse der Geschworenengerichte und die Volksversammlung überwiesen; der Areopag hat nur noch die Blutgerichtsbarkeit inne. Im Jahre 458 wird die Demokratie durch die Zulassung der 3. Klasse zum Archontat vollendet. Der Adel wird entmachtet, die politische Verantwortung geht auf das Volk über. Dabei ist die politische Mitwirkung an das Bürgerrecht gekoppelt: In Athen leben um die Mitte des 5. Jahrhunderts etwa 300 000 Menschen. Sie setzen sich zusammen aus etwa 150 000 Sklaven und rund 10 000 Metöken, das sind „Mitbewohner", die zwar ihre Freiheit, nicht aber das athenische Bürgerrecht besitzen. Dieses Bürgerrecht erhält der Sohn, dessen Eltern geborene Athener sind; um die Mitte des 5. Jahrhunderts sind es etwa 40 000 Athener, die mit ihrer Teilnahme in der Volksversammlung die Volksherrschaft ausüben.

Ein wichtiges demokratisches Mittel ist z.B. das Scherbengericht, mit dem jeder Bürger, der das Bürgerrecht besitzt, einen Mann, den er verbannen will, für zehn Jahre aus Athen entfernen kann – sofern die Mehrzahl der abgegebenen Stimmen dem Antrag folgt. Außerdem entscheidet die Volksversammlung über politische Fragen und wählt den Stragegen. Einer der berühmtesten Strategen des 5. Jahrhunderts ist Perikles. Von 443 bis 429 wird er jährlich zum Strategen wiedergewählt, nachdem die Opposition beseitigt worden ist. Perikles überragt seine Mitstrategen durch seine Autorität im Volk und seine Rednergabe; von Plutarch ist eine eindrückliche Beschreibung des Ansehens des Perikles überliefert (vgl. **Mat. 5**), der im Jahre 429 an der Pest stirbt.

Nimmt man also den politischen Kontext hinzu, so ist das Verhalten Kreons vor dem Hintergrund des gerade in Athen vollendeten demokratischen Systems zu kritisieren; vorgeblich vertritt Kreon die Interessen der Polis, in Wirklichkeit aber nur seine eigenen Vorstellungen. Das Wohl der Polisgemeinschaft setzt dem eigenmächtigen Handeln des Herrschers eine Grenze; Besonnenheit bei der Führung der Amtsgeschäfte, die Beachtung der öffentlichen Meinung und der sittlichen Gebote sind gerade von ihm zu erwarten. Kreon aber nur als eine **Allegorie zu Perikles** zu sehen wäre eine unzulässige Verengung (*vgl. Rösler, S.42ff.*), denn der Konflikt geht über den Raum des Politischen hinaus und wird ins Allgemein-Menschliche erweitert.

Welche Rolle spielt die freie Selbstbestimmung in der „Antigone"?

Im Unterschied zu „Oidipus Tyrannos" wird in der „Antigone" kein Götterspruch erfüllt, das Geschehen ist nicht determiniert in dem Sinne, dass sich die Betroffenen nur noch in das Unvermeidbare fügen können. Bis zu der Szene, in der Teiresias die Empörung der Götter mitteilt und Unheil ankündigt, handeln die Figuren auf der Grundlage ihrer eigenen Verantwortung. Der Mangel an Einsicht führt zur Katastrophe in der Familie des Kreon. Sein Handeln wird in den Dialogen mit Antigone, Haimon und Teiresias auf seine sittliche, religiöse und politische Legitimation hin überprüft und für falsch erklärt. Kreon trägt für die Vernichtung der Angehörigen die Schuld, weil er nicht rechtzeitig einlenkt (vgl. V.1173ff., V.1305, V.1312f., V.1317f.).

Antigone stirbt aus eigenem Antrieb; ihr Handeln im konkreten Fall der Bestattung ist sowohl ein Handeln in freier Selbstbestimmung als auch ein im höheren Sinne absolut richtiges Handeln, wie es sich durch die Bewertung des Sehers erweist: „Mit der ‚Antigone' bot Sophokles dem attischen Publikum ein außergewöhnliches Bühnenwerk, nicht allein, weil sich darin ein junges Mädchen übermenschlich hart zeigt gegen andere und gegen sich selbst, sondern vor allem, weil ihre Handlungen auf freier Selbstbestimmung beruhen." *(Riemer, S. 49)*

Antigones Willensstärke und ihre Tatkraft machen sie zum Beispiel für einen Menschen, der konsequent für seine innere Überzeugung und für sein Recht kämpft und der dafür in den Tod geht. Dieser Tod ist ein letzter Beweis für die Freiheit, mit der sie ihre Entscheidung getroffen hat; am Ende siegt sie mit ihrem Tod über ihren Gegner: „Die Antigone hebt sich (...) von den übrigen uns bekannten sophokleischen Stücken vor allem dadurch ab, dass in ihr, wenn auch in begrenztem Umfang, so doch in der ersten Stückhälfte klar nachweisbar, freie Entscheidungen vorgeführt werden, die jeweils aus Kreons und Antigones Willen hervorgehen; die gegensätzlich angelegten Hauptfiguren entscheiden *frei* über ihr Schicksal. Während jedoch der hochmütige Tyrann in der Überschätzung seiner Macht schwerer Verfehlungen schuldig wird und, von den Göttern zurechtgewiesen, auf seinem Wege umkehren muss, verfolgt Antigone geradlinig die selbstgesteckten Ziele ohne höheren Auftrag und ohne eine göttliche Maßregelung bis in den Tod. Kreon hat durch sein Handeln schwere subjektive Schuld auf sich geladen und büßt für den Frevel mit dem Verlust seiner Familie. Antigone dagegen ist ohne Schuld. Ihr Untergang im Drama stellt keine Buße dar, sondern ist ein Beweis ihrer Freiheit. Im Tod siegt die Heldin über ihren Gegner, der zwar überlebt, aber dabei die Vernichtung seiner Existenz erfährt. *(Riemer, S.51)*

Die Betonung der freien Selbstbestimmung in der „Antigone" ist sicherlich der Grund dafür, weshalb der Stoff des antiken Dramas eine umfangreiche Rezeption erlebt hat und besonders im 20. Jh. seine Modernität erweist (vgl. **Mat.7-14**). In den meisten literarischen Adaptionen wird Antigone zu einer Verfechterin absoluter Humanität; gleichzeitig gibt sie ein Beispiel dafür, welche persönlichen Konsequenzen das Eintreten für die Humanität haben kann.

5. REZEPTION

Der Antigonestoffes wird hauptsächlich in zwei unterschiedlichen Versionen rezipiert. Grundlage dafür sind die „Phoinissai“ des Euripides und die „Antigone“ des Sophokles, wobei die „Phoinissai“ auch auf die späten Werke des Sophokles wie „Oidipus auf Kolonos“ (entstanden vor 406 v. Chr.) ausgestrahlt haben (siehe unten).

Die Tragödie „Phoinissai“ stellt den Thebenmythos in einer Art dramatischer Gesamtschau dar, in der Antigone nur eine Nebenrolle spielt. Diese Präsentation des Stoffs hat sich nicht nur auf die späten Werke des Sophokles, sondern auch auf die zeitgenössische Vasenmalerei und auf Dichter aus hellenistischer und römischer Zeit, z.B. Accius, Seneca, Statius, ausgewirkt. Auch in der deutschen Klassik (Schiller) und in der französischen Klassik (Racine) gilt die euripideische Darstellung als wegweisend. Wegen ihrer breiten Rezeption wird in der folgenden Aufzählung eine knappe Zusammenschau dieser Version gegeben.

Die sophokleische „Antigone“, die Antigone zur Hauptfigur werden lässt und ihren Konflikt mit Kreon in den Mittelpunkt stellt, wird seit der Klassik (Goethes Gespräch mit Eckermann, vgl. **Mat. 2**) und besonders im 20. Jahrhundert in der Epik und im Drama rezipiert.

Der Antigone-Stoff erfährt im 20. Jahrhundert auch mehrere musikalische Bearbeitungen; Carl Orff vertont ihn 1949 auf der Grundlage der Nachdichtung Hölderlins, Arthur Honegger und Vassily Lobanov machen ihn zur Grundlage ihrer gleichnamigen Opern (vgl. 7.2).

5.1 Dramatische Bearbeitungen

a. **Antike Bearbeitungen:** Antigone kommt nachweislich in sechs antiken Tragödien vor: Sophokles und Euripides machen sie zur Hauptfigur in ihrem gleichnamigen Drama, als Nebenfigur kommt sie in den „Sieben gegen Theben“ des Aischylos, in Sophokles‘

„Oidipus Tyrannos“ und „Oidipus auf Kolonos“ und in den euripideischen „Phoinissai“ vor.

Aischylos (525-456 v. Chr.): **„Sieben gegen Theben“** (vgl. **Mat. 6**) gilt als vorsophokleische Bearbeitung aus dem Jahre 467. Der Schluss wird nach der „communis opinio“ heute für unecht erklärt und auf die Zeit nach 410 datiert. Das Drama konzentriert sich auf den Angriff der Argiver auf Theben und sieht im Fall der beiden Brüder den Fluch des Labdakidengeschlechtes wirken. Ein Abgesandter der „Probulen“, die das Bestattungsverbot für Polyneikes erlassen haben, erklären sich nach diesem Schluss bereit, Antigone bei der Bestattung zu helfen.

Euripides (485-406 v. Chr.) gestaltet den Antigonestoff in einem eigenen Drama, das nur fragmentarisch erhalten ist und bei dem die Epiphanie des Herakles ein glückliches Ende beschert. Ausführlich behandelt er die Thebenproblematik in seinem Drama **„Phoinissai“** (griech. „Die Phönikierinnen“, entstanden um 410 v. Chr., vgl. **Mat. 6**), in dem er eine Zusammenschau des thebanischen Sagenkreises gibt. Iokaste lebt noch (anders als im „König Ödipus“ von Sophokles), sie stellt zu Beginn der Tragödie die Geschichte des Labdakidengeschlechts von der Gründung Thebens durch Kadmos bis zum Streit zwischen Eteokles und Polyneikes dar. Sie erlebt den Entscheidungskampf zwischen den Brüdern mit und stirbt bei ihren gefallenen Söhnen, beide umarmend. Polyneikes wird von Euripides dargestellt als jemand, der berechtigte Interessen vertritt. Allerdings muss er sich von seiner Mutter Egoismus vorwerfen lassen, da er einen Kampf gegen die eigene Polisgemeinschaft führt.

Antigone kündigt an Polyneikes trotz Verbotes bestatten zu wollen; sie geht dann aber mit ihrem Vater, dem greisen Ödipus, in die Verbannung.

Euripides verlagert die Problematik zum einen in die Konfrontation zwischen Eigennutz und Polismoral, zum anderen ist sein Bestreben nach bilanzierender Synthese des Sagenkreises unverkennbar.

Sophokles selbst lässt Antigone in seinen Dramen „Oidipus Tyrannos“ und „Oidipus auf Kolonos“ (entstanden vor 406 v. Chr.) als Nebenfigur auftauchen: In **„Oidipus Tyrannos“** (aufgeführt zwischen 436 und 433 v. Chr.) sind Antigone und Ismene noch Kinder. Nach der Selbstblendung nimmt Oidipus Abschied von den Töchtern und vertraut sie der besonderen Obhut Kreons an. In **„Oidipus auf Kolonos“** ist der aus Theben vertriebene Oidipus auf der Suche nach einem Platz zum Sterben. Zusammen mit ihm ist Antigone ins Exil gegangen. Oidipus findet sein Grab auf dem Kolonos bei Athen, dem heiligen Bereich der Rache- und Versöhnungsgeister. Antigone hat in dem Drama eine versöhnende Rolle; sie führt ihren blinden Vater und setzt sich für eine Verständigung der Brüder ein. Theseus gewährt Oidipus die letzte Ruhestätte und verkörpert damit vorbildlich die humanen Grundlagen der Polisgemeinschaft. In einer Zeit des Niedergangs der Polis Athen will Sophokles mit den positiv gezeichneten Figuren der Antigone und des Herrschers Theseus möglicherweise auf die demokratischen Werte aufmerksam machen, deren Untergang droht.

b. Hellenistische und römische Bearbeitungen

Zu diesen sind zu zählen: Lucius Accius: „Antigona“, „Phoenissae“ (vermutlich 2. Hälfte des 2. Jh. n. Chr.), Seneca (zwischen 4 v. Chr. und 1 n. Chr. - 65 n. Chr.): „Phoenissae“ (entstanden im 1. Jh. n. Chr.) Aus Platzgründen sind nur einige zusammenfassende Bemerkungen zu diesen Bearbeitungen möglich: Gemeinsam ist allen Werken die Orientierung an den „Phoinissai“ des Euripides. Besondere Betonung erfährt z.B. die Figur der Antigone in der römischen Fassung **„Phoenissae“** des **Seneca** als „virgo Pia“. „Zudem lässt sich eine Verschärfung der Frage nach Schuld und Verantwortung beobachten: Gibt Oidipus bei Accius die Regierung vermutlich freiwillig an die Söhne ab und legt damit die Aufteilung der Herrschaft in ihre Hände, so wird Oidipus sowohl von Seneca als auch von Statius ausgesprochen negativ gezeichnet. Nicht die Entrückung steht am Ende seines Lebens, wie im ‚Oidipus auf Kolonos', sondern Selbstmord und Rachegedanken. Er wird durch den aus purer Rache ausgestoßenen Fluch schuldig am Bruderzwist, den die Brüder anfangs zu verhindern suchten. Doch dann geben auch sie sich ihren Machtgelüsten hin. (...) Antigone erfährt im Kontrast zur zunehmend negativen Zeichnung der männlichen Familienmitglieder eine gesteigerte positive Deutung durch die nachhaltige Betonung des Versöhnungs- und Liebsaspekts" *(Zimmermann, S.268).*

c. Martin Opitz (1597-1639): „Antigone" (1636)

Seine Fassung, durch die das antike Werk wieder in Deutschland bekannt wird, ist eine Übersetzung der „Antigone", die sich eng am Original anlehnt, dabei aber auf die höhere Legitimation der Verurteilung Kreons durch das verletzte Gebot der Götter verzichtet.

d. Jean Racine (1639-1699): „La Thébaide ou Les Frères ennemis" (1664)

Um die Macht in Theben kämpfen Étéocle und Polinice, die Söhne Jocastes aus der Ehe mit Ödipus.

Créon, der Bruder Jokastes, und sein Sohn Hémon lieben Antigone. Créon hofft auf den Tod der Brüder, weil er die Herrschaft in Theben an sich bringen und die Hand Antigones gewinnen will. Während einer Unterredung zwischen Étéocle und Polinice bricht Créon den Waffenstillstand; Créons jüngster Sohn Ménécée kennt das Orakel, das besagt, dass der jüngste Thronfolger des Herrschergeschlechts Thebens sterben müsse, bevor die Stadt gerettet werde. Sein Selbstmord führt zwar zu einem kurzen Waffenstillstand, den Kampf zwischen den Brüdern vermag weder sein Tod noch der Hémons aufzuhalten, der einem Versöhnungsversuch zum Opfer fällt. Étéocle und Polinice fallen jeweils durch die Hand des Bruders; Antigone und Jokaste töten sich in der Klage um den Verlust der Angehörigen. Den Selbstmord Créons, den am Ende der Tragödie Schuldgefühle plagen, versuchen die Wachen zu verhindern.

e. Johann Christian Friedrich Hölderlin (1770-1843): „Antigonä“ (1804)

Seine Übersetzung, die in vieler Hinsicht missverständlich und fehlerhaft ist, dem Original aber inhaltlich weitgehend folgt, arbeitet die Konfronation zwischen menschlicher und göttlicher Gesetzgebung in den Figuren der Antigone und des Kreon heraus.

f. Walter Hasenclever (1890-1940): „Antigone“ (Uraufführung 1917)

Der Krieg der Brüder ist in dem Stück noch nicht Vergangenheit. Das thebanische Volk spaltet sich in Kriegsbefürworter und Kriegsgegner. Kreon ruft immer wieder dazu auf, den Krieg fortzusetzen, während Antigone dem ewig erscheinenden Kreislauf von Gewalt und Gegenwalt ein Ende setzen will. Das Stück, das vom Widerstand Hasenclevers gegen den Ersten Weltkrieg geprägt ist, endet mit einem schwachen Hoffnungssignal für mehr Menschlichkeit.

g. Jean Anouilh (1910-1987): „Antigone“ (entstanden 1942)

Kreon tritt anders als bei Sophokles oder Hasenclever nicht als Despot auf, sondern als Pragmatiker, der den Erfordernissen des politischen Tagesgeschäftes entsprechend agiert.

Er will Antigone klar machen, dass sowohl Eteokles als auch Polyneikes sich haben an die Macht bringen wollen, indem sie mehrmals Anschläge auf den Vater verübt haben. Der Machtkampf zwischen den Brüdern habe schließlich im gemeinsamen Tod ein Ende gefunden; allerdings habe man beide Leichen bis zu Unkenntlichkeit entstellt gefunden, so dass gar nicht klar ist, wer von beiden ein Begräbnis erhalten habe.

Kreon versucht sie zur Anerkennung der Umstände zu bewegen, dass den einen staatliche Sorge in Form einer ehrenvollen Bestattung, den anderen jedoch die Missachtung trifft. Dabei zeigt er Verständnis für ihre Geisteshaltung: „Ich verstehe dich; mit zwanzig Jahren hätte ich genauso gehandelt wie du. Deswegen hörte ich dich auch so ruhig an. Als du sprachst, sah ich den jungen Kreon vor mir, mager und blass wie du, der auch immer nur sein Bestes verschleudern wollte. Heirate bald, Antigone, und werde glücklich. Das Leben sieht anders aus, als du glaubst. Es ist wie ein schnelles, flüchtiges Wasser, das der Jugend durch die geöffneten Finger entrinnt. Greife es fest mit deinen Händen, halte es auf. Du wirst sehen, dann nimmt es eine einfache, feste Gestalt an. Vielleicht werden dir manche das Gegenteil sagen, weil sie deine Kraft und Begeisterung für ihre Zwecke einspannen wollen. Höre nicht auf sie. Höre auch nicht auf mich bei meiner nächsten Rede am Grabe Eteokles'. Ich werde nicht die Wahrheit sprechen. Nur das Unausgesprochene ist wahr. Du wirst auch noch einsehen – hoffentlich nicht zu spät –, dass das Leben oft nur ein Buch ist, das man gerne liest, ein Kind, das zu deinen Füßen spielt, ein Gegenstand, der sicher in der Hand ruht, oder ein verlöschender Abend, wenn du vor dem Haus sitzt. Du verachtest mich vielleicht, aber eines Tages wirst du es ganz von selbst entdecken. Und wenn du alt wirst, kann es dich trösten. Vielleicht ist das ganze Leben nur ein bisschen Glück" *(Anouilh, S.49).*

Der Versuch scheitert. Antigone verkörpert den Menschen, der nicht Abschied nehmen will von idealistischen Vorstellungen, der sich mit der Realität und den Kompromissen, die sie verlangt, nicht zufrieden geben will: „Ihr seid mir alle widerlich mit eurem Glück und eurer Lebensauffassung. Gemein seid ihr! Wie Hunde, die geifernd ablecken, was sie auf ihrem Weg finden. Ein bescheidenes Alltagsglück und nur nicht zu anspruchsvoll sein! Ich, ich will alles, sofort und vollkommen – oder ich will nichts. Ich kann nicht bescheiden sein und mich mit einem kleinen Stückchen begnügen, das man mir gibt, weil ich so brav war. Ich will die Gewissheit haben, dass es so schön wird, wie meine Kindheit war – oder ich will lieber sterben" *(Anouilh, S.51).*

Kreon muss schließlich erkennen, dass Antigones Wille unbeugsam ist. Seinem Sohn erklärt er ihren Tod mit ihrer kompromisslosen Haltung: „Sie selbst wollte sterben. Keiner von uns war stark genug, sie daran zu hindern. Jetzt begreife ich. Antigone war dieser Tod vorbestimmt. Vielleicht wusste sie es selbst nicht ... aber Polyneikos war nur ein Vorwand. Und als sie nicht mehr für ihn sterben konnte, fand sie sofort einen anderen Grund. Ihr war die Hauptsache, dass sie nein sagen und sterben durfte" *(Anouilh, S.53).*

Am Ende des Stücks kehrt der verlassene Kreon zum politischen Tagesgeschäft zurück, nicht ohne sich zu wünschen, (...) immer ein Kind bleiben (zu) können" *(Anouilh, S.63).*

Anouilhs Sympathie gehört Antigone und damit einer aufbegehrenden Jugend, die sich nicht mit der gesellschaftlichen Forderung nach bequemer Anpasung arrangieren will. Realistisch und letztlich lebbar ist jedoch nur der Abschied von den überspannten Idealen; dies ist die Aussage seines Stücks.

h. Bertolt Brecht (1898-1956): „Antigone des Sophokles" (entstanden 1947/48, vgl. Mat.7)

Brecht gestaltet den Antigone-Stoff zu einem Spiegelbild des Zweiten Weltkrieges um.

Kreon ist ein Kriegstreiber, der einen Raubkrieg gegen Argos führt mit dem Ziel, die dortigen Erzgruben in seinen Besitz zu bekommen. Polyneikes, der als Reaktion auf den Tod seines Bruders Eteokles weinend aus der Schlacht reitet, wird als Deserteur von Kreon getötet und nicht begraben.

Vor dem Hintergrund der drohenden Niederlage, über die Kreon sein Volk nicht aufklärt, erwächst Antigones Widerstand gegen den Krieg. Sie wirft dem Herrscher vor, den Krieg aus eigennützigen Motiven zu führen. Auch Hämon wirft dem Vater Rechthaberei vor und warnt ihn davor, dass sein Verhalten vom Volk nicht mehr getragen werde.

Am Ende rückt das feindliche Heer gegen Theben vor; der auch nach dem Verlust seiner Söhne uneinsichtig gebliebene Kreon kündigt an, dass Theben zusammen mit ihm untergehen werde.

Brecht will mit seiner Umgestaltung des Mythos die Geschichte eines imperialistischen Staates erzählen, der trotz anfänglicher Kriegserfolge schließlich untergeht, weil der Gewaltherrscher maßlos ist. Antigone bleibt wie bei Sophokles das Symbol der bis zum eigenen Tod konsequenten Auflehnung gegen Ungerechtigkeit (vgl. **Mat.7**).

i. Janusz Glowacki: „Antigone in New York" (1993)

Zur Inzenierung im Jahre 1995 von Florian Hintermeier finden sich unter „http://Kultur.nat.de/theater/schauspiel-bonn/Antigone.html." die folgenden Informationen zu diesem Stück: „New York. Eine Winternacht im Thompkins Square Park. Ostemigranten, die sich nur als Penner in dieser Weltstadt durchschlagen können, haben sich in ihm eingerichtet. Während der russische Jude Sascha die Kälte im Park überlebt, erfriert wenige Meter entfernt Paulie, der Freund der Puertoricanerin Anita. Paulie soll wie alle namenlosen Landstreicher vor den Toren der Stadt verscharrt werden. Um Paulie wenigstens im Tod einen Rest an Würde zu lassen, stehlen Anita und Sascha seinen Leichnam und begraben ihn heimlich im Park. Doch der Diebstahl der Leiche hat Folgen. Die Polizei schließt den Park, die Obdachlosen werden vertrieben.

Anitas Versuche, das Grab ihres Freundes zu besuchen, scheitern.

In assoziativer Anlehnung an Sophokles' berühmtes ‚Antigone'-Drama ist Janusz Glowackis Stück ein sensibles, beeindruckendes Plädoyer für die Menschenwürde und die Toleranz im Umgang mit anderen Menschen und anderen Lebensentwürfen.

Janusz Glowacki , gebürtiger Pole, lebt seit 1982 in New York. Er ist Autor von sechs Theaterstücken und einer Vielzahl von Novellen, Hörspielen und Essays. Der bekannte Theaterwissenschaftler und Essayist Jan Kott hält ‚Antigone in New York' für eines der drei besten Stücke, die von einem Polen nach dem 2. Weltkrieg geschrieben wurden. Die Zeitschrift ‚Time' kürte es zu einem der zehn besten Dramen des Jahres 1993."

5.2 Epische Bearbeitungen

a. Hellenistische und römische Bearbeitungen (vgl. Mat. 6)

Neben Pseudo-Apollodors „Bibliotheke" (entstanden im 1. oder 2. Jh. n. Chr.) findet sich die ausführlichste Version des thebanischen Krieges in epischer Form in der „Thebais" (entstanden zwischen 78/79 und 90/91 n. Chr.) von Statius. Diese Version lehnt sich eng an die euripideischen „Phoinissai" an und verstärkt gleichzeitig das Inzestmotiv (Antigone-Polyneikes). In ihrem Widerstand gegen Kreons Befehl wird Antigone zu einer Verkörperung der Tugend an sich. Gleichzeitig wird Oidipus ausgesprochen negativ gezeichnet. Selbstmord- und Rachegedanken stehen am Ende seines Lebens.

b. Alfred Döblin (1878-1957): „November 1918" (Roman, entstanden zwischen 1937-43)

Friedrich Becker, Gymnasiallehrer, kommt aus dem Krieg zurück und liest mit seinen Schüler die „Antigone" des Sophokles. Er muss erleben, dass die Schüler Kreon und das Recht des Staates, Gehorsam zu fordern, verteidigen. Angesichts der Verständnislosigkeit der jungen Generation, die sich dem höheren Recht ungeschriebener Gesetze verschließt, beschließt Becker nach dem Vorbild Antigones den Toten des Krieges zu dienen. Er gibt seine Stelle auf und zieht, die Menschen belehrend, durchs Land.

c. **Rolf Hochhuth (geb. 1931): „Die Berliner Antigone“ (Novelle, entstanden 1963; vgl. Mat. 8)**

Im Jahre 1943 holt Anne die Leiche ihres hingerichteten Bruders aus der Anatomie und bestattet sie auf dem Invalidenfriedhof. Ihr Bruder ist zum Tode verurteilt worden, weil er nach der Niederlage der deutschen Wehrmacht vor Stalingrad behauptet hat, die Vernichtung der 6. Armee sei die Schuld Hitlers gewesen. Eine Bestattung ist ihm verweigert worden, statt dessen ist er zu medizinischen Zwecken der Berliner Anatomie übergeben worden. Anne soll für ihre Tat gleichfalls hingerichtet werden; der Generalrichter möchte ihr jedoch helfen, da sie die Verlobte seines Sohnes Bodo ist, der an der Ostfront steht.

Anne weigert sich, das Hilfsangebot anzunehmen, indem sie nicht bereit ist, den Ort preiszugeben, an dem sie ihren Bruder bestattet hat. In der Todeszelle erinnert sie sich daran, dass auf dem Grabstein, unter dem sie ihren Bruder begraben hat, ein Spruch aus der Apostelgeschichte 5, 29 gestanden hat („Man muss Gott mehr gehorchen als den Menschen“). Sie erinnert sich nicht mehr an den Inhalt der Bibelstelle, erfüllt aber unbewusst das göttliche Gebot, wenn sie ihrem Gewissen folgt.

In der Zeit ihrer Haft ist Anne von Todesangst erfüllt; die Zusammenlegung mit einer zum Tode verurteilten polnischen Zwangsarbeiterin führt sogar dazu, dass sie ihre eigene Opferbereitschaft nicht mehr nachvollziehen kann. Die Peripetie der Novelle setzt ein, als sie vom Tod ihres Verlobten erfährt, der seinem Leben ein Ende gesetzt hat im Glauben, sie sei bereits hingerichtet worden. Anne erkennt, dass der Tod für sie der einzige Weg in die Freiheit ist.

Ihre Hinrichtung wird in Form einer Dokumentation indirekt beschrieben; Anne kann unter den 269 hingerichteten Frauen sein, die die Berliner Anatomie in den Jahren 1939-45 erhalten hat.

d. **Elisabeth Langgässer (1899-1950): „Die getreue Antigone" (Kurzgeschichte, erschienen 1947, vgl. Mat. 9)**

Carola pflegt das Grab eines unbekannten Soldaten und erweist ihm die Totenehren, die sie ihrem Bruder Clemens, der im Konzentrationslager umgekommen ist, nicht mehr zuteil werden lassen kann. Ihr Freund empört sich über ihr Handeln, weil er meint, dass auch ein SS-Mann in dem Grab liegen könnte. Carolas Standpunkt ist, dass Feindschaft zwischen Menschen ihre Grenze am Tod finden muss. Die Kurzgeschichte hat ein offenes Ende; die Bereitschaft des Freundes, als Ministrant in der Kirche mitzuarbeiten, deutet darauf hin, dass ihn die von Versöhnung geprägte Auffassung Carolas überzeugt hat.

e. **Grete Weil (1906-1999): „Meine Schwester Antigone" (Roman, 1980, vgl. Mat. 10)**

Eine alte Frau, die in einem anonymen Hochhausblock in Frankfurt lebt, setzt sich mit ihrer Vergangenheit als Jüdin im holländischen Exil und als Flüchtling vor den Nationalsozialisten auseinander. Das eigene Überleben plagt sie als Schuldgefühl und in dem Beispiel der Antigone, über die sie ein Buch schreiben möchte, wird ihr die eigene Mutlosigkeit schmerzlich vor Augen geführt. Antigone wird ihr zum Symbol eines Widerstandes, der in der Bereitschaft zum eigenen Opfer die einzige unzerstörbare Freiheit darstellt.

5.3 Inszenierungen

Die „Antigone" gehört zweifellos zu dem „klassischen" Theaterrepertoire. Die Intention der Inszenierung ist zuweilen die ausgesprochene Anlehung an die antike Spielpraxis oder die Widerspiegelung aktueller Probleme auf der Bühne. Eng am griechischen Original orientieren sich beispielsweise die Inszenierungen von Gustav Rudolf

Sellner in Darmstadt im Jahre 1957 und von Hansgünther Heyme in Wiesbaden im Jahre 1965.

Im Jahre 1969 inszenieren Kai Braak und Ulrich Brecht die „Antigone" am Staatstheater Kassel in einer Doppelaufführung sowohl nach der Übersetzung Hölderlins als auch nach der modernen Übersetzung von Claus Bremer. Während sich die Umsetzung des Hölderlin-Textes der antiken Spielweise annähert, wird die Bremer-Version frei realisiert, was sich z.B. im Verzicht auf Rollenfestlegung zeigt.

Die Aufführungen der siebziger Jahre sind dagegen von der Auseinandersetzung um die Berechtigung von individuellem Widerstand gegen staatliche Bestimmungen, vom Aufstand gegen das Gesetz vor dem Hintergrund der Terroranschläge der RAF bestimmt. Die politischen Strukturen der Gegenwart im antiken Stoff deutlich zu machen versuchen im Jahre 1978 Niels-Peter Rudolph in Berlin und Ernst Wendt in Bremen. Chrisof Nel stellt in seiner Frankfurter Inszenierung das Scheitern Kreons und Antigones in den modernen gesellschaftlichen Kontext. Siegfried Diehl schreibt in seiner Rezension in der FAZ vom 06.11.1978 dazu: „Kreon und Antigone, am Anfang noch nah bei den Göttern und weit weg von der zivilisierten Menschheit, werden in einem mühsamen Prozess der vernünftigen Selbstfindung, die im humanitären Spiegelbild ein Selbstverlust ist, zu unseren Zeitgenossen. Kreon gelingt dieser furchtbare Wandel durch Anpassung, Antigone wird mit Gewalt ins Kostüm des Jahrhunderts gesteckt. Beide finden ihr Grab in der modernen Gesellschaft."

Die Auseinandersetzung mit dem Antigone-Stoff in den achtziger Jahren ist von den tagesaktuellen Ereignissen bzw. von dem aktuellen gesellschaftlichen Diskurs geprägt. In einer Kritik der von Peter Back-Vega verantworteten, 1981 am Pfalztheater in Kaiserslautern inszenierten „Antigone" weist Dietrich Wappler auf den Zusammenhang zwischen dem antiken Stoff und der Gegenwart hin: „Thema der ‚Antigone' ist die Macht des Staates und ihre Grenzen, damit auch das Recht des Einzelnen, gegen diese Macht Widerstand zu leisten. Nicht nur wegen der Auseinandersetzungen um Frieden und Startbahn West macht ein solches Thema hellhörig, man möchte erfahren, was im Morgengrauen unserer Geschichtsschreibung dazu gedacht wurde“ *(Rheinpfalz, 15.12.1981)*. Die Aufführung von Peter Back-Vega habe gerade keinen Diskussionsbeitrag formulieren können, sie bleibe nur ein „behäbiger Klassiker“ *(Rheinpfalz, 15.12.1981)*. Demgegenüber gelingt die Modernisierung in der Pariser Aufführung aus dem Jahre 1982 von Jean-Louis Barrault. Hier wird insbesondere Kreon als Personifizierung des modernen Diktators gesehen, auf eine Leinwand im Bühnenhintergrund werden die Attribute des Despotismus: Militärparaden, Folterungen, Hinrichtungen, Konzentrationslager, projiziert.

Lore Stefanek betont in ihrer Inszenierung der „Antigone“ in Freiburg im Jahre 1988 den Machtkampf zwischen Mann und Frau.

Auch in den neunziger Jahren gilt das Interesse der Aktualisierung des Stoffes: Im Jahre 1995 inszeniert Florian Hintermeier in einer deutschsprachigen Erstaufführung die „Antigone“-Adaption „Antigone in New York“ von Janusz Glowacki in Bonn. Der Zweiakter spielt im Obdachlosenmilieu New Yorks, wo die Bestattung eines erfrorenen Landstreichers als Akt der Humanität gilt. Als dekadentes Familienstück fasst es Leander Haußmann auf, der bei den „Antigone“-Aufführungen 1993 in Salzburg und 1996 in Bochum Regie führt. Zur Bochumer Aufführung schreibt die Recklinghausener Zeitung: „Margit Carstensen in schwarzem Tailleur zieht bravourös alle Register männlicher Hybris. Beweglich und mit exzellenter Sprechdisziplin ausgestattet, zeigt sich der fünfköpfige Chor. Zigarettenqualmend umkreisen die in Abendanzügen steckenden Herren die Tafel, schlüpfen auch vorübergehend zwangslos in zusätzliche Rollen.“ Der Westfälische Anzeiger bemerkt: „Haußmann zeigt uns die Tragödie als hochgespanntes, temporeiches Dialogstück, als blutig entgleisende Verlobungsfeier. Himmelfahrt in Bochum. Obwohl hier gelacht werden darf, bleibt die Inszenierung bei der Sache, verschenkt nichts von der archaischen Wucht des tödlichen Konflikts“ (alle Zitate aus: *http:/www.Bochum.de/Schauspielhaus*).

In einer eigenen Neufassung beschäftigt sich die Regisseurin Marion Winter mit dem Antigone-Monolog; ihre Interpretation, die den Versuch der Individualisierung und der Fokussierung auf die Gestalt der Antigone umfasst, spielt das Werkstatt-Theater Darmstadt im Jahre 1998 (vgl. **Mat. 11**).

Andere Inszenierungen widmen sich in den neunziger Jahren auch wieder verstärkt dem Bemühen nach originalgetreuer Aufführung. Im Kölner Horizont-Theater betont im Jahre 1997 Christos Nicopoulos in seiner Regie die Rebellion gegen höhere Gewalt. Seine eigene Übersetzung des griechischen Werkes inszeniert er in Anlehnung an die antike Aufführungspraxis, er verwendet z.B. drei männliche Darsteller mit den zur jeweiligen Rolle passenden Requisiten (vgl. **Mat. 12**). Ganz im griechischen Original kommt die „Antigone“ des Sophokles im Rahmen der„Münchner Dionysien“ im Jahre 1997 auf die Bühne (vgl. **Mat. 13**). Neben diesem eher akademischen Vergnügen steht die bewusste Annäherung an die antike Spielweise, wie sie Walter Pfaff mit „Parate Labor“ in einer dreijährigen Vorbereitungszeit versucht: Das Projekt der 1989 gegründeten und in Burgund/Frankreich ansässigen Arbeitsgruppe hat sich die „Re-Ritualisierung“ des Antigonestoffes, wie er von Sophokles geschaffen worden ist, zum Ziel gesetzt. „Antigone“ ist dabei sowohl ein Studienobjekt, an dem die Formen der rituellen Kommunikation und ihre modernen Äquivalente besonders betrachtet werden sollen, als auch literarische Grundlage einer Inszenierung, die die Forschungsergebnisse in einer ritualisierten Form auf die Bühne bringt. Für die Aufführung müssen die Schauspieler neben Altgriechisch auch die byzantinische Gesangsweise, die traditionellen griechischen Volkstanzformen sowie die Totengesänge und Totenklagen erlernen. Dass seine Wahl ausgerechnet auf die „Antigone“ gefallen ist, begründet Walter Pfaff mit dem Umstand, dass gerade in der antiken Tragödie der Bruch des rituellen Rechtes thematisiert wird (vgl. **Mat. 14**).

6. ASPEKTE ZUR DISKUSSION, MATERIALIEN

Übersicht:

Mat. 1	Aristoteles (384-322 v. Chr.): „Poetik“ (Auszüge)
Mat. 2	Johann Wolfgang Goethe (1749-1832): Gespräch mit Eckermann über die „Antigone“
Mat. 3	Georg Wilhelm Friedrich Hegel (1770-1831): „Vorlesungen über die Philosophie der Religion“ (Auszüge)
Mat. 4	Wolfgang Schadewaldt (1900-1974): „Die griechische Tragödie“ (Auszüge)
Mat. 5	Plutarchs Beschreibung des Perikles (Auszüge)
Mat. 6	Antigones religiöser und ethischer Anspruch
Mat. 7	Bertolt Brecht (1898-1956): „Antigone des Sophokles“ (1947/48)
Mat. 8	Rolf Hochhuth (geb.1931): „Die Berliner Antigone“ (1963)
Mat. 9	Elisabeth Langgässer (1899-1950): „Die getreue Antigone“ (1947)
Mat. 10	Grete Weil (1906-1999): „Meine Schwester Antigone“ (1980)
Mat. 11	Antigone-Monolog im Werkstatt-Theater Darmstadt im Jahre 1998
Mat. 12	Christos Nicopoulos‘ Inszenierung am Horizont-Theater in Köln im Jahre 1997
Mat. 13	Inszenierung in antiker Spielpraxis auf den „Münchner Dionysien“ im Jahre 1997
Mat. 14	Projekt „Antigone 2000“ der Arbeitsgruppe „Parate Labor“

Mat. 1

Aristoteles (384-322): „Poetik“ (Auszüge)

Die Poetik des Aristoteles formuliert die Strukturelemente und die Funktion des antiken Theaters.

6. Über die Nachahmungskunst in Hexametern und über die Komödie wollen wir später reden. Jetzt sei von der Tragödie gesprochen.

Aus dem bisher Gesagten entnehmen wir die Bestimmung ihres Wesens. Die Tragödie ist die Nachahmung einer edlen und abgeschlossenen Handlung [mythós] von einer bestimmten Größe in gewählter Rede, derart, dass jede Form solcher Rede in gesonderten Teilen erscheint und dass gehandelt und nicht berichtet wird und dass mit Hilfe von Mitleid [élios] und Furcht [phóbos] eine Reinigung [kátharsis] von eben derartigen Affekten bewerkstelligt wird (...).

Da ferner die Nachahmung einer Handlung gemeint ist, jede Handlung aber von Handelnden geführt wird, welche hinsichtlich ihres Charakters und ihrer Gedanken von einer bestimmten Qualität sind (denn diese bewirken, dass auch die Handlungen selbst von bestimmter Qualität sind, und eben in den Handlungen haben alle Glück oder Unglück), also ist die Nachahmung der Handlung der Mythos. Ich verstehe hier unter Mythos die Zusammensetzung der Handlungen, unter Charakter aber das, was macht, dass wir die Handelnden so oder so nennen, unter Absicht das, worin sie etwas aussagen oder eine Meinung äußern (...).

Das Wichtigste davon ist der Aufbau der Handlungen. Denn die Tragödie ist nicht die Nachahmung von Menschen, sondern von Handlungen und Lebensweisen, von Glück und Unglück. (Glück und Unglück beruhen aber in Handlungen, und das Ziel der Tragödie ist eine Handlung, keine charakterliche Qualität. Qualifiziert sind die Menschen je nach ihrem Charakter, glücklich oder unglücklich sind sie aber auf Grund ihrer Handlungen.) Sie handeln also nicht, um die Charaktere darzustellen, sondern in den Handlungen sind auch die Charaktere eingeschlossen. Darum sind Handlung und Mythos Ziel der Tragödie. Das Ziel ist aber das Wichtigste von allem.

Es könnte ja auch ohne Handlung gar keine Tragödie entstehen, dagegen wohl ohne Charaktere (...).

Außerdem sind jene Elemente, mit denen die Tragödie vorzugsweise die Seelen ergreift, Teile des Mythos, nämlich die Peripetien und die Wiedererkennungen.

Ein Hinweis ist endlich der, dass solche, die zu dichten beginnen, zuerst fähig sind, es in Sprache und Charakterzeichnung richtig zu treffen; erst später können sie Handlungen aufbauen. Das gilt auch so ziemlich für die ersten Dichter insgesamt.

Ursprung und gewissermaßen Seele der Tragödie ist also der Mythos. Das zweite sind aber die Charaktere (...).

7. Nachdem wir dies unterschieden haben, müssen wir nun sagen, wie der Aufbau der Handlungen sein soll, da ja dies das erste und wichtigste Stück der Tragödie ist.

Vorausgesetzt ist, dass die Tragödie die Nachahmung einer vollständigen und ganzen Handlung ist, und zwar von einer bestimmten Länge; es gibt ja auch ein Ganzes, das keine Länge hat. Ganz ist, was Anfang, Mitte und Ende besitzt. Anfang ist, was selbst nicht notwendig auf ein anderes folgt, aus dem aber ein anderes natürlicherweise wird oder entsteht. Ende umgekehrt ist, was selbst natürlicherweise aus anderem wird oder entsteht, aus Notwendigkeit oder in der Regel, ohne dass aus ihm etwas weiteres mehr entsteht. Mitte endlich, was nach anderem und vor anderem ist.

Es dürfen also Handlungen, die gut aufgebaut sein sollen, weder an einem beliebigen Punkte beginnen noch an einem beliebigen Punkte aufhören, sondern müssen sich an die angegebenen Prinzipien halten.

Ferner, da die Schönheit bei einem Lebewesen und bei jedem zusammengesetzten Dinge nicht nur darin besteht, dass die Teile wohl geordnet sind, sondern dass das Ganze eine bestimmte, nicht beliebige Größe besitzt (denn die Schönheit besteht in Größe und Ordnung; darum kann weder ein ganz kleines Lebewesen schön sein – die Anschauung hört nämlich auf, wenn sie einer unwahrnehmbaren Größe nahe kommt – noch ein ganz großes, denn da vollzieht sich die

Anschauung nicht auf einmal, sondern das Eine und Ganze entweicht dem Anschauenden aus der Anschauung, etwa wenn ein Lebewesen zehntausend Stadien groß wäre), wie also die Körper und Lebewesen eine bestimmte Größe haben müssen und diese übersichtlich sein soll, so muss auch der Mythos eine bestimmte Länge haben; diese muss erinnerlich bleiben können. (...).

8. Der Mythos ist eine Einheit nicht dann (wie einige meinen), wenn er sich um einen einzigen Helden dreht. Denn unzählig vieles kann an einem einzelnen geschehen, und es wird dennoch aus dem allem keine Einheit (...).

Wie also in den anderen nachahmenden Künsten eine Nachahmung sich auf einen Gegenstand bezieht, so muss auch der Mythos, da er Nachahmung von Handlung ist, Nachahmung einer einzigen und ganzen Handlung sein. Die Teile der Handlung müssen so zusammengesetzt sein, dass das Ganze sich verändert und in Bewegung gerät, wenn ein einziger Teil umgestellt oder weggenommen wird. Wo aber Vorhandensein oder Fehlen eines Stücks keine sichtbare Wirkung hat, da handelt es sich gar nicht um einen Teil des Ganzen.

9. Es ergibt sich auch aus dem Gesagten, dass es nicht die Aufgabe des Dichters ist, zu berichten, was geschehen ist, sondern vielmehr, was geschehen könnte und was möglich wäre nach Angemessenheit oder Notwendigkeit. Denn der Geschichtsschreiber und der Dichter unterscheiden sich nicht dadurch, dass der eine Verse schreibt und der andere nicht (denn man könnte ja die Geschichte Herodots in Verse setzen und doch bliebe es gleich gut Geschichte, mit oder ohne Verse); sie unterscheiden sich vielmehr darin, dass der eine erzählt, was geschehen ist, der andere, was geschehen könnte. Darum ist die Dichtung auch philosophischer und bedeutender als die Geschichtsschreibung. Denn die Dichtung redet eher vom Allgemeinen, die Geschichtsschreibung vom Besonderen. Das Allgemeine besteht darin, was für Dinge Menschen von bestimmter Qualität reden oder tun nach Angemessenheit oder Notwendigkeit; darum bemüht sich die Dichtung und gibt dann die Eigennamen bei. Das Besondere ist, was Alkibiades tat oder erlebte (...).

Da nun aber nicht nur eine vollkommene Handlung nachgeahmt wird, sondern auch eine solche, die Furcht und Mitleid erregt, so geschieht dies vorzugsweise, wenn es gegen die Erwartung und so, dass in einem Handlungsablauf Großes gestürzt und Niedriges erhöht wird, geschieht; denn so wird das Geschehen erstaunlicher, als wenn es sich von selbst oder durch den Zufall abwickelte (...).

10. Von den Mythen sind die einen einfach, die anderen verschlungen. Denn auch die Handlungen, deren Nachahmung die Mythen sind, sind von vornherein derartige. Ich nenne eine einfache Handlung eine solche, deren Ablauf, wenn er an einem bestimmten Punkte eingesetzt hat, sich kontinuierlich und einheitlich ohne Peripetie oder Entdeckung vollzieht. Eine verschlungene Handlung ist dagegen eine solche, deren Ablauf über Peripetie oder Entdeckung oder beides führt. Dies muss sich aus der Zusammensetzung des Mythos selbst ergeben; es muss also aus dem Voraufgegangenen hervorgehen entweder mit Notwendigkeit oder mit Wahrscheinlichkeit. Es macht nämlich einen großen Unterschied, ob ein Ereignis durch ein anderes erfolgt oder bloß nach einem anderen.

11. Die Peripetie ist der Umschlag der Handlung in ihr Gegenteil, und zwar, wie wir eben sagten, entweder mit Wahrscheinlichkeit oder mit Notwendigkeit (...).

Die Entdeckung ist, wie das Wort sagt, der Umschlag aus Unwissenheit in Erkenntnis, zur Freundschaft oder Feindschaft, je nachdem die Handelnden zu Glück oder Unglück bestimmt sind. Am schönsten ist eine Entdeckung, wenn sie mit der Peripetie zusammenfällt, wie im Oidipus.

Es gibt auch andere Arten von Entdeckung. Sie kann sich ereignen durch leblose Gegenstände oder Beliebiges, oder man kann auch entdecken, ob einer etwas gemacht oder nicht gemacht hat. Aber die zuerst genannte Art kommt beim Mythos wie bei der wirklichen Handlung am meisten vor. Eine solche Entdeckung und Peripetie bewirkt auch Furcht und Mitleid; und die Tragödie wurde bestimmt als die Nachahmung derartiger Handlungen. Auch ist Unglück und Glück gerade mit solchen Situationen verbunden (...). *(Theorie des Dramas, S.9-13)*

Mat. 2

Johann Wolfgang Goethe (1749-1832): Gespräch mit Eckermann über die „Antigone“

Goethe stellt in dem Gespräch vom 28.03.1827 deutlich die Schuld Kreons heraus. Darüber hinaus bezweifelt er die Echtheit von V.905-912.

Das sind Behauptungen, erwiderte Goethe mit einigem Lächeln, an die wohl niemand glauben wird. Kreon handelt auch keineswegs aus Staatstugend, sondern aus Hass gegen den Todten. Wenn Polineikes sein väterliches Erbtheil, woraus man ihn gewaltsam vertrieben, wieder zu erobern suchte, so lag darin keineswegs ein so unerhörtes Vergehen gegen den Staat, dass sein Tod nicht genug gewesen wäre und dass es noch der Bestrafung des unschuldigen Leichnams bedurft hätte.

Man sollte überhaupt nie eine Handlungsweise eine Staatstugend nennen, die gegen die Tugend im allgemeinen geht. Wenn Kreon den Polineikes zu beerdigen verbietet und durch den verwesenden Leichnam nicht bloß die Luft verpestet, sondern auch Ursache ist, dass Hunde und Raubvögel die abgerissenen Stücke des Todten umherschleppen und damit sogar die Altäre besudeln, so ist eine solche Menschen und Götter beleidigende Handlungsweise keineswegs eine Staats-Tugend, sondern vielmehr ein Staats-Verbrechen. Auch hat er das ganze Stück gegen sich. Er hat die Ältesten des Staats, welche den Chor bilden, gegen sich; er hat das Volk im allgemeinen gegen sich; er hat den Teiresias gegen sich; er hat seine eigene Familie gegen sich. Er aber hört nicht, sondern frevelt eigensinnig fort, bis er alle die Seinigen zu Grunde gerichtet hat und er selber am Ende nur noch ein Schatten ist (...).

So kommt in der Antigone eine Stelle [V.905-912] vor, die mir immer als ein Flecken erscheint, und worum ich vieles geben möchte, wenn ein tüchtiger Philologe uns bewiese, sie wäre eingeschoben und unächt.

Nachdem nämlich die Heldin im Laufe des Stückes die herrlichsten Gründe für ihre Handlung ausgesprochen und den Edelmuth der reinsten Seele entwickelt hat, bringt sie zuletzt, als sie zum Tode geht, ein Motiv vor, das ganz schlecht ist und fast an's Komische streift.

Sie sagt, dass sie das, was sie für ihren Bruder gethan, wenn sie Mutter gewesen wäre, nicht für ihre gestorbenen Kinder und nicht für ihren gestorbenen Gatten gethan haben würde. Denn, sagt sie, wäre mir ein Gatte gestorben, so hätte ich einen anderen genommen, und wären mir Kinder gestorben, so hätte ich mir von dem neuen Gatten andere Kinder zeugen lassen. Allein mit meinem Bruder ist es ein anderes. Einen Bruder kann ich nicht wieder bekommen, denn da mein Vater und meine Mutter todt sind, so ist niemand da der ihn zeugen könnte.

Diess ist wenigstens der nackte Sinn dieser Stelle, die nach meinem Gefühl in dem Munde einer zum Tode gehenden Heldin die tragische Stimmung stört und die mir überhaupt sehr gesucht und gar zu sehr als ein dialectisches Calcül erscheint. Wie gesagt, ich möchte sehr gerne dass ein guter Philologe uns bewiese, die Stelle sey unächt. *(Goethe und die Antike, S. 264f.)*

Mat. 3

Georg Wilhelm Friedrich Hegel (1770-1831): Vorlesungen über die Philosophie der Religion (Auszüge)

Hegel sieht das Recht auch auf Kreons Seite und meint, in der „Antigone" kämen zwei gleichberechtigte Rechtsinstitute zur Geltung.

Das Fatum ist das Begrifflose, wo Gerechtigkeit und Ungerechtigkeit in der Abstraction verschwinden: in der Tragödie dagegen ist das Schicksal innerhalb eines Kreises sittlicher Gerechtigkeit. Am erhabensten finden wir das in den Sophokleischen Tragödien. Es wird daselbst vom Schicksal und von der Nothwendigkeit gesprochen; das

Schicksal der Individuen ist als etwas Unbegreifliches dargestellt, aber die Nothwendigkeit ist nicht eine blinde, sondern sie ist erkannt als die wahrhafte Gerechtigkeit. Dadurch eben sind jene Tragödien die unsterblichen Geisteswerke des sittlichen Verstehens und Begreifens, die ewigen Muster des sittlichen Begriffs. Das blinde Schicksal ist etwas Unbefriedigendes. In diesen Tragödien wird die Gerechtigkeit begriffen. Auf eine plastische Weise wird die Collision der beiden höchsten sittlichen Mächte gegen einander dargestellt in dem absoluten Exempel der Tragödie, A n t i g o n e; da kommt die Familienliebe, das Heilige, Innere, der Empfindung Angehörige, weshalb es auch das Gesetz der unteren Götter heißt, mit dem Recht des Staats in Collision. Kreon ist nicht ein Tyrann, sondern ebenso eine sittliche Macht, Kreon hat nicht Unrecht: er behauptet, dass das Gesetz des Staats, die Auctorität der Regierung geachtet werde und Strafe aus der Verletzung folgt. Jede dieser beiden Seiten verwirklicht nur die eine der sittlichen Mächte, hat nur die eine derselben zum Inhalt, das ist die Einseitigkeit, und der Sinn der ewigen Gerechtigkeit ist, dass beide Unrecht erlangen, weil sie einseitig sind, aber damit auch beide Recht; Beide werden als geltend anerkannt im ungetrübten Gang der Sittlichkeit; hier haben sie beide ihr Gelten, aber ihr ausgeglichenes Gelten. Es ist nur die Einseitigkeit, gegen die die Gerechtigkeit auftritt. *(Hegel, S. 133 f.)*

Mat. 4

Wolfgang Schadewaldt (1900-1974): „Die griechische Tragödie" (Auszüge)

Schadewaldt verteidigt Kreons Haltung zunächst als einen Ausdruck staatspolitischer Verantwortung; sein Zweckmäßigkeitsdenken scheitere schließlich aber an einem Bereich höherer, unantastbarer Wertvorstellungen.

Da können wir einmal auf die Kreonhandlung zurückgreifen, die wir bisher unter dem Gesichtspunkt des Widerstandsgeschehens betrachtet hatten. Noch einmal: ich bin der Meinung, dass Kreon zu Anfang nicht durchaus im unrecht ist, wenn wir von seiner ersten großen Rede ausgehen. Er gibt zuerst eine kurze Zusammenfassung der Lage: die Stadt ist gerettet, und er hat als Nächstverwandter des Königshauses jetzt die Regierungsgewalt übernommen. Dann Sätze allgemeiner Art, dass man die Gesinnung eines Mannes erst erkennen kann, wenn er ein Amt hat. Wir können sagen, ein Mensch zeigt sich erst dann als der, der er ist, wenn er Verantwortung zu tragen hat. Auch dass es echte Freundschaften und Bindungen nur innerhalb der Stadt gibt und nicht mit Gegnern dieser Stadt, ist ganz vernünftig. Dann kommt er auf Polyneikes: er ist als Feind gekommen, der die Stadt vernichten, die Bürger töten und die Tempel der Götter verbrennen wollte; ein solcher Mensch dürfe nicht gleiche Ehren erhalten wie ein Verteidiger der Stadt. Was sich in alledem darstellt, ist kein Prinzip, sondern das, was wir die politische Zweckwelt nennen können, in der wir alle leben und die in den verschiedensten Bereichen unser Leben sichert. Dazu gehört auch, dass Verbrechen bekämpft und Verbrecher bestraft werden. Es ist ganz berechtigt, dass ein Staatsmann im Sinne dieser Zweckwelt handelt und von solchen Maximen ausgeht, wie Kreon es tut. Man braucht diese Maximen nicht zu teilen, aber sie sind jedenfalls verständlich und nicht verbrecherisch - zunächst. Dass jemand staatspolitisch wirken will und zu diesem Zweck, um eine unbedingt patriotische Haltung zu erzielen, zu harten Maßnahmen greift, fällt durchaus unter die Möglichkeiten dieser Zweckwelt, und dazu gehört auch das abschreckende Exempel.

Aber hier wird es anders, weil das Exempel sich nicht gegen einen Lebenden richtet, der ebenfalls dieser Zweckwelt angehört, sondern gegen einen Toten. Damit steht gegen die Zweckwelt ein anderer Bereich auf, der Bereich des Todes mit den unterirdischen Göttern, die für ihn eintreten, und das ist ein unantastbarer Bereich. Ich glaube, es gibt solche unantastbaren Bereiche, auch noch in unserer Welt des Fortschritts, der Wissenschaft und der Technik, wo man Möglichkeiten gefunden hat, selbst den Menschen zu verändern, sei es psychologisch, durch Drogen oder gar durch Genmanipulation. Damit ist der Mensch völlig einer bestimmten partiellen Zweckmäßigkeit unterworfen, und ich wende mich entschieden gegen all solche Eingriffe und sage, dass hier die menschliche Ganzheit und damit die Sphäre des Unantastbaren berührt wird. Oder man denke an das Problem der Euthanasie in der jüngsten Geschichte. Aus Gründen der Zweckmäßigkeit kann man sagen: wozu wertloses Leben erhalten? Es kostet Geld, und der Mensch selbst ist so übel dran, dass man ihn am besten befreit von seinen Qualen. All das ist bekannt genug. Hier geht es um die Unantastbarkeit des Lebens. Aber es hat auch Erörterungen gegeben, ob es zweckmäßig sei, die Toten zu bestatten, oder ob man nicht lieber die Fülle von Materialien verarbeiten soll, die sich da ergeben. Wenn man das Sterben nur als ein Verenden versteht, dann kann man freilich die Leichen noch nützlich verwenden, und vielleicht kommt es noch einmal dazu.

Ich würde also sagen, dass hinter dem Stück des Sophokles der Gegensatz steht jener Welt der menschlichen Zweckmäßigkeiten, die ihre eigenen Gesetze und Maximen hat, und anderer Weltbereiche, die diesen Gesetzen nicht unterworfen sind. Hier ist es die Welt des Todes mit der Unterwelt und ihren Göttern, die die Toten und ihre Rechte schützen. Kreons Irrtum besteht darin, dass er einen Toten in die Zweckwelt einbezieht und ihren Maximen unterwirft. Das ist es, was den Widerstand hervorruft, der immer stärker wird, bis in Teiresias seine gültige Stimme vernehmbar wird. Das ist die eigentliche Grundthematik der Antigone, der Horizont, der im höchsten Maße adäquat ist, soweit man das aus dem Stück selbst herausholen kann. *(Schadewaldt, Die griechische Tragödie, S. 239-241)*

Mat. 5

Plutarchs Beschreibung des Perikles (Auszüge)

In seinen jüngeren Jahren hatte Perikles große Scheu vor dem Volk. Denn seine Ähnlichkeit mit dem Tyrannen Peisistratos war überraschend, und alte Leute bemerkten mit Entsetzen, wie sehr er ihm im Wohllaut der Stimme und in seiner schnellen, geläufigen Art zu sprechen glich. Da er überdies großen Reichtum besaß, aus einer vornehmen Familie stammte und Freunde von mächtigem Einfluss hatte, fürchtete er die Verbannung durch das Scherbengericht. Deshalb mied er die Politik, war aber im Kriege ein tapferer, mutiger Soldat. (Als er dann doch den Entschluss fasste, sich politisch zu betätigen,) wählte er die Partei der besitzlosen Menge, nicht die der wohlhabenden Minderheit, obwohl er in seinem Herzen gewiss kein Demokrat war. Er änderte sein Verhalten. Er nahm keine Einladungen mehr an. Damit das Volk seiner nicht so bald überdrüssig würde, zeigte er sich ihm nur selten. Er nahm auch nicht bei jedem Anlass das Wort, trat auch nicht immer vor dem Volk auf, sondern er erledigte selbst nur die wichtigsten Geschäfte, die andern ließ er durch seine Freunde und ergebene Politiker besorgen.

Jahr für Jahr ließ er 60 Schiffe in See gehen, die mit vielen Bürgern bemannt waren; sie erhielten acht Monate lang ihren Sold und wurden für den Einsatz auf einem Kriegsschiff ausgebildet.

Überdies schickte er Bürger als Siedler nach der Chersones, nach Naxos, nach Thrakien, nach Italien. Seine Absicht dabei war, die Stadt von arbeitslosen und unruhigen Leuten zu befreien (...), zugleich auch eine Besatzung unter die Bundesgenossen zu legen. *(Jahr, S.70)*

Mat. 6

Antigones religiöser und ethischer Anspruch

Den Wandel in der Begründung von Antigones Tat in den verschiedenen antiken Versionen hat Zimmermann nachgezeichnet:

Antigones Eintreten für das allgemeine Recht der Bestattung ist mit der Darlegung der Relevanz des Themas seit Homer und besonders für das 5. Jh. verständlicher geworden. Jedoch wird in der Betrachtung der Geschichte des Mythos in der Antike deutlich, dass das besondere, explizit religiöse und ethische Engagement Antigones auf die sophokleische *Antigone* und die *Phoenissae* des Seneca beschränkt ist. In den euripideischen *Phoinissai* und im unechten Schluss der *Sieben* wird Antigone zwar ebenso wie in der *Thebais* des Statius in der Rolle der Verfechterin des Anspruchs auf Bestattung dargestellt, doch ist die Kontroverse bereits zum Topos geworden, der mit dem Brudermord und mit Antigone mythisch verbunden ist, ohne eine tiefere, religiöse Begründung zu erfahren. In den *Phoinissai* liegt der Akzent nicht auf dem absoluten, religiösen Recht der Bestattung, das Kreon anerkennt, sondern auf der Frage der Bestattung des Landesverräters im eigenen Lande. Ebenso lässt der Probulenvertreter in den *Sieben* den Landesverrat als Grund der Nichtbestattung anklingen (V.1046). In beiden Fällen geht Antigone in die direkte Offensive gegen die Machthaber und verkündet ihren Bestattungsplan. In den *Phoinissai* versucht sie, Kreon die Erlaubnis zur Totenpflege abzuhandeln, doch fehlt Antigone in beiden Fällen die Überzeugungskraft durch die Berufung auf die Chthonioi und durch den vollzogenen Bestattungsritus. Beide Male begründet sie ihren Plan mehr mit familiären als mit religiösen Argumenten. So entscheidet sich Antigone bei Euripides auch schließlich gegen eine Bestattung und für die Begleitung des Oidipus. Bei Statius ist die Macht der Chthonioi schließlich durch den Anspruch des Tantalos pervertiert, der selbst das Bestattungsverbot fordert. So wird Antigone bei Statius nicht aus religiöser Pflicht, sondern aus Zuneigung zu Polyneikes auf das Schlachtfeld getrieben.

Das Recht auf Bestattung fungiert als grundsätzlich menschlicher Anspruch, und bleibt so über die Jh.e weg verständlich und aussagekräftig. Es lässt sich sowohl religiös als auch ethisch interpretieren. Sophokles formuliert diesen Anspruch als religiösen, speziell als den der Chthonioi und der Dike. An diesem traditionellen religiösen Gebot setzt Antigones Argumentation ein. Politisch ist ihre Argumentation nur insofern, als sie den Absolutheitsanspruch des Herrschers für den religiösen Bereich in Frage stellt. Für Antigone gibt es kein berechtigtes menschliches Urteil gegen die religiösen Gesetze der Tradition (...). Die Tatsache, dass Polyneikes mit seinem Zug gegen die Vaterstadt Theben auch deren Götter und Tempel angreift, gilt nichts gegenüber dem absoluten Anspruch der Chthonioi, der jegliches menschliche Urteil in Frage stellt und die Grenze der menschlichen Entscheidungsmacht zieht (...).

Kompositorisch deutet Sophokles die Macht der Götter in der Beschreibung der Bestattung an, die Elemente eines göttlichen Einwirkens enthält. Teiresias erscheint als Mittler der göttlichen Botschaft, um die nicht nur er, sondern auch Antigone weiß. Dagegen lässt Euripides in seiner *Antigone* die Götter vermutlich direkt einwirken: Antigone bestattet Polyneikes hier von Dionysos getrieben und Herakles handelt die Lösung des Konflikts mit Kreon aus. Die religiöse Verantwortung wird zum Spiel der Götter.

Der religiöse und ethische Anspruch Antigones ist nicht nur ein theoretischer, sondern sie verwirklicht ihn auch durch die Tat und setzt in der Bestattung des Bruders ihr Leben aufs Spiel. Religiöse Forderung und aktive Verwirklichung sind in ihrer Person verbunden. Die Bestattung wird mit Aspekten der attischen, eleusinischen Religion und deren Jenseitsvorstellungen verbunden und erhält dadurch eine konkrete, religiöse Basis.

Die Antigone des Seneca ist gegenüber der sophokleischen weniger radikal, jedoch argumentiert sie ebenfalls auf der Basis einer ethischen, in diesem Fall stoisch beeinflussten Grundüberzeugung. Doch widerspricht Antigone hier nicht der subjektiven Entscheidung eines Tyrannen gegen einen wehrlosen Toten, sondern das Ziel ihres

Einsatzes ist es, ihren Vater zu retten, der entschlossen ist, sich das Leben zu nehmen. Ebenso wie Antigone bereits im *Oidipus auf Kolonos* vor dem Bruderkampf vermittelnd einzugreifen sucht und damit den Tod des Polyneikes verhindern will, fleht sie nun Oidipus an, seinen Selbstmordplan fallen zu lassen. Dieser Appell kontrastiert mit dem bis dahin bekannten Mythos insofern, als Selbstmord im Hause des Oidipus der klassische und notwendig erscheinende Ausweg aus der tragischen Situation ist, über den nicht diskutiert wird. In der sophokleischen *Antigone* legt Antigone selbst Hand an sich und wiederholt mit ihrem Selbstmord den Lokastes. Die Senecanische Antigone dagegen argumentiert mit stoischen Gedanken gegen Oidipus' Plan, sich zu töten, um seine Verbrechen endgültig zu sühnen. Der Oidipus Senecas nimmt mit seiner Reflexion über die mit seinem Selbstmord erhoffte Sühnung eine besondere Rolle in der Rezeption des Oidipus-Mythos ein, doch sieht Antigone Oidipus' Aufgabe und eigentliche Sühnung in der Verhinderung des Brudermords, nicht im Tod. Auch diese Antigone vertritt nachdrücklich ein bestimmtes ethisches Konzept, doch fehlt dem Konflikt der Reiz, der aus der Konfrontation mit dem staatlichen Anspruch entsteht. Spannung entsteht allein aus der Frage, ob es ihr gelingt, den Vater vom Selbstmord abzuhalten oder nicht. Seneca stellt die philosophische Reflexion des Selbstmords und seiner Konsequenzen ins Zentrum des Geschehens. Antigone erfüllt bei Seneca die Aufgabe, den selbstgewählten Tod des Oidipus mit ethisch stoischen Argumenten zu verhindern, wie sie bei Statius und auch schon im *Oidipus auf Kolonos* gegen den selbstgewählten Tod der Brüder mit ethischen und familiären Argumenten vorgeht. Doch auch hier überzeugt Antigone weniger mit Argumenten als vielmehr durch ihren Kniefall, der die Liebe des Oidipus zu Antigone anspricht. Da die *Phoenissae* unvollendet sind, bleibt auch offen, ob sich Oidipus nicht schließlich doch noch tötet. Bei Seneca liegt folglich – trotz der ausgedehnten Argumenation Antigones – ihr Einfluss mehr in der Liebe des Oidipus zu seiner Tochter begründet als in der Macht ethischer Überzeugungskraft.

Im Vergleich zwischen der Antigone des Sophokles und der Antigone des Seneca fällt die Entwicklung von der rituell-religiösen zur rein ethischen Argumentation Antigones auf. Sie geht einher mit der eingangs konstatierten allmählichen Zunahme des Versöhnungs- und Liebesmotivs. Während die Bestattung und mit ihr die Bedeutung des Ritus nach dem Brudermord allmählich zum Topos erstarrt, gewinnt die ethische Argumentation im liebenden Einsatz für die Familie vor dem Brudermord an Bedeutung (...). *(Zimmermann, S.315-317)*

Mat. 7

Bertolt Brecht (1898-1956): „Antigone des Sophokles" (1947/48)

Freunde, ungewohnt
Mag euch die hohe Sprache sein
In dem Gedicht, tausende Jahre alt
Das wir hier einstudiert. Unbekannt
Ist euch der Stoff des Gedichts, der den einstigen Hörern
Innig vertraut war. Deshalb erlaubt uns
Ihn euch vorzustellen. Das ist Antigone
Fürstin aus dem Geschlecht des Ödipus. Das hier
Kreon, Tyrann der Stadt Theben, ihr Ohelm. Ich bin
Teiresias, der Seher. Dieser da
Führt einen Raubkrieg gegen das ferne Argos. Diese
Tritt dem Unmenschlichen entgegen und er vernichtet sie.
Aber sein Krieg, nun unmenschlich geheißen
Bricht ihm zusammen. Die unbeugsam Gerechte
Nichtachtend des eignen geknechteten Volkes Opfer
Hat ihn beendet. Wir bitten euch
Nachzusuchen in euren Gemütern nach ähnlichen Taten
Näherer Vergangenheit oder dem Ausbleiben
Ähnlicher Taten. Und nunmehr
Werdet ihr uns und die anderen Schauspieler
Ein um den andern den kleinen Schauplatz
Im Spiele betreten sehn, wo einst unter den
Tierschädeln barbarischen Opferkults

Urgrauer Zeiten die Menschlichkeit
Groß aufstand. *(Brecht, S. 242)*

Mat. 8

Rolf Hochhuth (geb. 1931): „Die Berliner Antigone" (1963)

Da die Angeklagte einer falschen Aussage bereits überführt war, glaubte der Generalrichter, er könne sie retten: Anne behauptete, ihren Bruder – den Gehenkten, wie der Staatsanwalt möglichst oft sagte – sofort nach dem Fliegerangriff ohne fremde Hilfe aus der Anatomie herausgeholt und auf den Invalidenfriedhof gebracht zu haben. Tatsächlich waren ein Handwagen, aber auch eine Schaufel auf der Baustelle an der Friedrich-Wilhelm-Universität entwendet worden. Auch hatten in dieser Nacht, wie immer nach den Bombardements, Feuerwehr, Hitlerjungen und Soldaten die geborgenen Opfer in einer Turnhalle oder entlang der Hauptallee des Friedhofs aufgereiht.

Vor Gericht aber hatten zwei Totengräber mit der zeremoniellen Umständlichkeit, die ihr Gewerbe charakterisiert, die jedoch in Zeiten des Massensterbens so prätentiös wirkte wie ein Sarg, überzeugend bestritten, unter den 280 Verbrannten oder Erstickten, die bis zu ihrer Registrierung unter Bäumen auf Krepp-Papier lagen, den unbekleideten, nur mit einer Plane bedeckten Körper eines jungen Mannes gesehen zu haben. Ihre Aussagen hatten Beweiskraft. Sehr präzise vor allem in den Nebensächlichkeiten gaben sie an, persönlich jeden einzelnen der 51 Toten, die weder zu identifizieren gewesen noch von Angehörigen gesucht worden waren, drei Tage später in die Grube gelegt zu haben, in das Gemeinschaftsgrab.

Die Bezeichnung Massengrab war verboten worden. Die Reichsregierung pflegte die Toten eines Gemeinschaftsgrabes mit besonders tröstlichem Aufwand beizusetzen: Nicht nur waren Geistliche beider Konfessionen und ein namhafter Parteiredner, sondern auch noch ein Musikzug des Wachbataillons und eine Fahnenabordnung hinzugezogen worden.

Ein Beisitzer des Reichskriegsgerichts, ein großväterlich, warmherziger Admiral, der als Einziger in dem fast leeren verwahrlosten Saal keine Furcht hatte, war so gerührt durch die Schilderung der Totenfeier, dass er der Angeklagten mit milder Zudringlichkeit empfahl, endlich die Wahrheit zu sagen über den „Verbleib" ihres toten Bruders: Die Entweihung eines Gemeinschaftsgrabes durch die Leiche eines von diesem Gerichtshof abgeurteilten Offiziers müsse sonst leider – er sagte zweimal aufrichtig leider – als strafverschärfend gewertet werden.

Anne, zermürbt und leise, beharrte auf ihrer Lüge ...

Der Generalrichter, während der Worte des Admirals wieder in innerem Zweikampf mit seinem Sohn, fand Bodos Gesicht nicht mehr; es zerfloß ihm wie damals im Rauch der Lokomotive – nach ihrem notdürftig zusammengeflickten Übereinkommen, am Vorabend von Bodos Abfahrt zur Ostfront. Mehr als den Verzicht, sich in diesem Augenblick mit der Schwester eines Hochverräters öffentlich zu verloben, hatte der Generalrichter seinem Sohn nicht abzwingen können. Seiner Weigerung, dieser Mesalliance jemals die väterliche Zustimmung zu geben, hatte Bodo die Drohung entgegengesetzt, sich sofort mit dieser Person zu verheiraten, die ihn offenbar schon seit Wochen in jeder freien Stunde an seinem Potsdamer Kasernentor abgeholt hatte – auch dann noch, auch dann noch, als Annes Bruder schon verhaftet war!

Der Mann, statt dankbar zu sein, dass er als Schwerverwundeter mit einem der letzten Flugzeuge aus dem Kessel von Stalingrad ausgeflogen worden war, hatte nach seiner Genesung schamlos erklärt, nicht die Russen, sondern der Führer habe die 6. Armee zugrunde gerichtet. Und Bodo stand nicht davon ab ...

Der Generalrichter, qualvoll erbittert, mochte das nicht wieder zu Ende denken. Er sah sich fest an einem Wasserfleck, der jetzt wie ein überlebensgroßer Fingerabdruck die Wand über der Büste des Führers durchdrang. Die kolossale Bronze war unerschütterlich auf ihrem Sockel geblieben, obgleich der Luftdruck des nächtlichen Bombardements selbst Rohre im Gerichtshof aus der Wand gerissen hatte ...

Der Generalrichter hörte kaum dem steifschneidigen Staatsanwalt zu. Bodo schien kein Gefühl dafür zu haben, auch seine Mutter nicht, was es ihn kostete, diese Tragödie zur Farce – und dem Führer das Wort im Mund umzudrehen, nur damit dieses aufsässige Frauenzimmer vor dem Beil gewahrt blieb. Wer sonst, wenn er den Vorsitz abgelehnt hätte, würde auch nur daran interessiert sein, Hitlers ironisch wegschiebende Anordnung nach Tisch, die Angeklagte solle „in eigener Person der Anatomie die Leiche zurückerstatten“, so auszulegen, als dürfe das Mädchen den Beerdigten stillschweigend zurückbringen?

Der Führer, beiläufig vom Propagandaminister unterrichtet, während ihm die Ordonnanz schon neue Depeschen über den politischen Umsturz in Italien reichte, hatte zweifellos nicht einmal an ein Gerichtsverfahren gedacht: Anne sollte enthauptet und der Anatomie zur Abschreckung jener Medizinstudenten „überstellt“ werden, die vermutlich bei der Beseitigung der Leiche ihres Bruders geholfen hatten. Hier in der Reichshauptstadt, unter den schadenfrohen Augen des Diplomatischen Korps, das hatte Hitler noch angefügt, sollte nicht geräuschvoll nach ungefährlichen Querulanten unter den Studenten gefahndet werden: Peinlich genug, dass im Frühjahr die feindliche Presse von der Studentenrevolte in München Wind bekam, weil Freislers Volksgerichtshof zwar schlagartig, aber doch zu laut damit aufgeräumt hatte.

Der Generalrichter, selten im Hauptquartier, noch seltener am Tische Hitlers, hatte mit erfrorenen Lippen „Jawohl, mein Führer“ gemurmelt und später, ein geblendeter Gefangener, nicht mehr zu seinem Wagen hingefunden. Wie hätte er denn in Hitlers kaltblaue, rasputinisch zwingende Augen hinein das beschämende, das unmögliche Geständnis ablegen können, dieses Mädchen, die Schwester eines Hochverräters, sei heimlich mit seinem Sohn verlobt ...

Jetzt verfiel er, Schweiß unter der Mütze, in den unsachlich persönlichen Tonfall des betagten Admirals und versprach der Angeklagten fast vertraulich mildernde Umstände. Unduldsam, aber genau entgegnete er dem Staatsanwalt: Zwar sei nur während des Alarms das

Kellergeschoss der Universität in der Nacht zugänglich; auch seien die Gitter dreier Fenster der Anatomie ebenfalls entfernt worden, um zusätzliche Notausgänge zu schaffen; und nur infolge der katastrophalen Verwirrung durch das Bombardement habe die Angeklagte die Schlüssel an sich bringen können. Dennoch: Die Beseitigung der Leiche sei keine persönliche Bereicherung, „mithin" könne von Plünderung nicht gesprochen werden. Auch sei die Beerdigung nicht unbedingt ein staatsfeindliches Bekenntnis, da es sich bei dem Verräter um den Bruder handele. Als mildernder Umstand gelte noch die seelische Zerrüttung: Der Verurteilung des Bruders sei bekanntlich der Freitod ihrer Mutter gefolgt.

Verdächtig, dachte der Staatsanwalt, ein straff gekämmter Hamburger mit einer Stimme wie ein Glasschneider – verdächtig. Aber der Ton des Generals ließ ihn verstummen. Er entblößte sogar die Zähne, ohne dass ein geplantes verbindliches Lächeln daraus wurde: Der Vorsitzende entschied nämlich auch darüber, ob er ihn weiterhin benötigte oder ihn zur Front „abstellte". Er hätte ihn gern in die Hand bekommen, diesen Chef. Es war doch lachhaft, dass er jetzt der Angeklagten eine befristete Zuchthausstrafe versprach, wenn sie die Exhumierung ihres Bruders unter Bewachung vornähme; ein solches Angebot, sicher, man brauchte sich später nicht daran zu halten – stand in keinem Verhältnis zu ihrem Verstoß gegen den Führerbefehl, politischen Verbrechern das Begräbnis zu verweigern ...

Während der voller Genugtuung die Beugung des Gesetzes durch seinen Chef bedachte; während der Admiral mit dem wehmütigen Wohlgefallen alter Herren diese halb erloschene „Pracht von einem Mädel" da auf der Anklagebank teilnahmsvoll mit Blicken tätschelte; und während der Wasserfleck über der Büste des Führers vor dem langen wutroten Fahnentuch weiter und dunkler um sich fraß, zwang sich der General, schon ohne Atem, schon ohne Hoffnung zur äußersten Brutalität: „An langwierige Nachforschungen kann das Gericht zu diesem Zeitpunkt des Totalen Krieges keine Kräfte verschwenden", drohte er heiser und hastig Anne und sich selbst. „Sie können sich 24 Stunden überlegen, ob Ihre Helfershelfer in der Anatomie die Leiche

Ihres Bruders dort wieder vorfinden – oder ob die Mitwisser durch Einlieferung Ihres Körpers, Kopf vom Rumpf getrennt, darüber aufgeklärt werden sollen, dass wir Nationalsozialisten jeden defätistischen Ungehorsam rücksichtslos ausmerzen." Die Todesangst gab sie nun nicht mehr frei. Doch am Abend waren ihre Hände immerhin so ruhig, dass sie an Bodo schreiben konnte. Es war schon der Abschied, das wusste sie, und Brandenburg, der gute Wärter, der gleich bei Annes Einlieferung mit fröstelndem Grauen „die Schwester" erkannt hatte, war bereit, ihren Brief als Flug-Feldpost hinauszuschmuggeln.

„Du wirst erfahren, wo ich meinen Bruder beerdigt habe, und wenn du mich später wieder suchst, so nimm ein paar Zweige von unserer Birke an der Havel und lege sie auf sein Grab, dann bist du mir nahe."

Sie wollte Pfarrer Ohm anvertrauen, wohin sie den Bruder gebracht hatte – wenigstens blieb er vor den Schergen und Schändern in Sicherheit. Dieser Gedanke bewahrte sie davor, zu bereuen, obwohl sie nicht mit der Todesstrafe gerechnet hatte und bei der Drohung des Generalrichters zusammengebrochen war. Gewaltsam vertiefte sie sich in die schon Traum gewordene Erinnerung an die Nacht vor zehn Tagen, um nicht wieder völlig von der Angst erbeutet zu werden. „Das Gericht glaubt Ihnen nicht, dass Sie den Bruder auf den Invalidenfriedhof geschafft haben!", hörte sie die durch Gekränktsein verschärfte Stimme des Generalrichters - ich würde das auch nicht glauben, dachte sie jetzt mit einem Sarkasmus, der sie für einen Moment belebte, fast erheiterte ...

Und wenigstens innerlich riss sie sich los von Wand und Gitter, heraus aus der Zelle – und sie war frei, solange sie draußen an den Streifen Erde dachte, an den heidnisch alten, schon seit Generationen stillgelegten Totenacker, rings um die noch mit Feldsteinen aufgetürmte Marienkirche, im ältesten Stadtteil, ganz nahe der Universität. Die mächtigsten, die königlichen Bäume Berlins wölbten sich dort domhoch über die wenigen Grabsteine dahingesiechter Jh.e, und einen der Steine, einen starken Schild der Ruhe, ausgeweint von Regen und Schnee, zerrissen wie – wie Mutters letztes Gesicht, hatte sie an jenem Nachmittag zum Grabstein des Bruders bestimmt. Sie wollte Ohm jetzt bitten, ihr die Bibelstelle zu übersetzen, die sie dort noch mühsam herausgelesen hatte: Apost. 5, 29 – während der Name für die Augen, auch für die tastende Hand schon verloren war.

Wie viele hatten dort wohl Ruhe gefunden. Aus Scheu grub Anne nicht sehr tief. Sie hatte mit einem großen Messer die dicke Decke aus Moos und Rasen ziemlich spurlos herausgetrennt, während ihr sichernder Blick, sooft sie aufsah in die laute Nacht, über die glutsprühenden Dächer wie in eine Schmiede fiel. Ganz Berlin eilte in chaotisch geschäftigen Löschzügen zu den Bränden, und Anne ließ sich einfach mitreißen von dem heißen Wirbel, als sie, sofort nach dem Ende des Angriffs, mit dem Handwagen den Hof der Universität verließ – woran sich später die Denunziantin, eine Kommilitonin, erinnern konnte. Die phosphoreszierte Friedrichstraße hatte sich brechend und verglühend im Feuerwind gegen den Himmel gebäumt, eine flackernde Fahne der Verwüstung. Und dann – wie eine Friedensinsel, so meerweit getrennt von der orgiastischen Brandwut, lag der dunkle Acker da. Niemand störte sie. Vor der Straße durch verwilderte Forsythien geschützt, geschützt im Rücken durch die gotische Nische, grub sie ohne Hast und warf die Erde auf die Plane, die den Bruder bedeckt hatte. Und sie spürte die große Anstrengung nicht, als sie den Körper vom Wagen hob und ihn noch einmal hob und bettete. Doch vermied sie, das friedlose Gesicht anzusehen; denn am Nachmittag in der Anatomie war sie hinausgestürzt, sich zu erbrechen. Sie breitete ihren Sommermantel über den Bruder. Vor Erleichterung – aber doch auch, weil sie ihn jetzt mit Erde bedecken sollte, überfiel sie ein wildes Schluchzen – und dann sah sie sich schon in der Falle: ihre Beine, ihr Rock, ihre Hände waren so sehr von der feuchten Erde beschmutzt. Atemlos warf sie das Grab zu. Erst als sie, wieder kniend, schon den Rasen auflegen wollte, wurde ihr bewusst, dass nach dieser Brandnacht Zehntausende ebenso beschmutzt herumlaufen würden. Da ließ sie sich Zeit. Behutsam deckte sie die Erde ab, verteilte den Rest unter Büschen und presste mit den Händen das Moos fest. Ehe sie mit dem Handwagen auf die Straße ging, schlich sie spähend hinaus, wartete, bis ein schweres

Lastauto den Lärm verstärkte, und nach fünfhundert Metern erreichte sie wieder das erste brennende Haus; und etwas weiter, da riefen zwei Hitlerjungen sie um den leeren Wagen an, packten Koffer und Körbe und schließlich noch eine hysterische Frau obenauf, die sie unversehrt aus dem Keller gezogen hatten, und Anne ließ sich versprechen, sie würden den Wagen morgen am Hauptportal zum Invalidenfriedhof abstellen, und dann warf sie die Schaufel und die Plane in die schwelenden Trümmer. Später fand sie einen Hydranten, an dem die Feuerwehr gerade den Schlauch abschraubte, und da wusch sie sich die Beine und das Gesicht und die Arme. Und hinter ihr trug man Tote weg, und sie floh aus den Trümmerstraßen, getrieben, sich bei Bodo zu bergen, überwältigt von einer quälenden Gier nach Leben – um es zu vergessen, das Leben.

Das hätte sie ihm gern geschrieben, jetzt, wo die Angst sie wieder hochjagte von der Pritsche und die zweimal zwei Meter des Käfigs ihr unter den Füßen zu schrumpfen – und dann wegzusacken schienen wie die Klappe des Galgens. Sie durfte ihm nicht verraten, wie trostlos sie war. So zwang sie sich, ihm zu schreiben, sie fände es nicht sinnlos, zu sterben für das, was sie getan hatte. Das war die Wahrheit, aber nicht die ganze. Auch das war aufrichtig: dass sie den Tod, da schon so Unzählige Generationen „drüben" seien, nicht fürchten könne; dass sie sich aber in erstickendem Ekel mit der Hand an die Kehle griff, so oft sie ans Sterben dachte, an die Anatomie, das verschwieg sie. Und endlich fand sie sogar etwas Ruhe in dem banalen Gedanken: So viele müssen sterben können, Tag für Tag, und die meisten wissen nicht einmal wofür – ich werde es auch können. Und sie fand es nur noch anmaßend, nach einem Sinn zu fragen, und sie konnte jetzt denken: dass so viele schon drüben sind, dass alle nach drüben kommen, das muss mir, das *muss* mir genügen.

Das Letzte verschwieg sie auch sich. Brandenburg wartete auf den Brief. Sie musste einen kleinen Halt, ein einziges Wort, das ihm blieb, hineinlügen – und da sie einen Stern durchs Gitter sah, den sie nicht kannte, und noch einen, so fiel ihr ein, was sie im letzten Urlaub verabredet hatten, beim Segeln in einer hohen hellen Nacht: immer aneinander zu denken, wenn sie abends den Großen Wagen sähen, Bodo in Russland, sie in Berlin. Und sie schloss: „Ich sehe durchs Gitter unseren goldenen Wagen, und da weiß ich, dass du jetzt an mich denkst, und so wird das jeden Abend sein, und das macht mich ruhig. Bodo, lieber Bodo, alle meine Gedanken und Wünsche für dich vertrau ich ihm an, für immer. Dann weiß ich, sie erreichen dich, wie weit wir auch getrennt sind."

Die Planierung des Gerichtshofes durch eine Luftmine verlängerte Annes Bedenkzeit auf elf Tage.

Ihr Pflichtverteidiger schaufelte mit rotplumpen Händen nur hilflos leere Luft; sie hatte ihn zwanzig Minuten vor der ersten Verhandlung kennen gelernt. Bei seinem zweiten und letzten Besuch sah er sich um nach der Zellentür, als erwarte er von dort einen Genickschuss. Dann wisperte er, sein Taschentuch neben dem Mund: „Die Frau des Generalrichters war heut früh bei mir, sie hat geweint – jetzt weiß ich erst, dass ihr Sohn und Sie ... also: Der General wird Sie retten, wenn Sie sich sofort bereit erklären .. ." Anne, als dürfe sie das nicht hören, bat ihn hektisch, endlich eine Nachricht von Bodo herbeizuschaffen.

Die Besuche des Pfarrers waren ihr gefährlicher. Ohm versuchte Anne klarzumachen, dass ein Unbestatteter nach christlicher Auffassung nicht ruhelos bleibe. Und sosehr sie seine Besuche herbeisehnte, so erleichtert war sie, wenn er ging. Sie weinte jedes Mal, schließlich war sie so verwirrt, dass sie nicht mehr wusste, ob sie ihm das Geheimnis zuletzt für Bodo anvertrauen dürfe.

Vier Tage und Nächte teilte sie dann die Zelle mit einer neunzehnjährigen polnischen Zwangsarbeiterin, die ihr aus zerknetetem Brot einen Rosenkranz formte, mit dem Anne so wenig beten konnte wie – ohne ihn. Die Verschleppte aus Lodz hatte sich heimlich, während eines Fliegeralarms, in einer Dresdner Bäckerei satt gegessen und sollte deshalb als Plünderer geköpft werden. Sie war nicht tapfer, aber stoisch, sodass ihre Gegenwart Anne erleichterte – während der Generalrichter gehofft hatte, das Zusammensein mit der rettungslos Verlorenen, die nicht einmal Angehörige benachrichtigen durfte, mache Anne geständig. Und wahrscheinlich wäre seine Rechnung dennoch aufgegangen. Als nämlich der Polin die Stunde schlug – im lauernden Morgenlicht des zehnten Tages von Annes Bedenkzeit – und sie aufgerufen wurde, ohne Gepäck mitzukommen, umarmten und küssten sie sich – Schwestern vor dem Henker; und Anne, durch die Berührung mit dem schon ausgebluteten Gesicht der Gefährtin jäh vom kalten Stahl des Fallbeils selbst angerührt, wurde mit einem Schnitt innerlich abgetrennt von ihrer Tat: Sie begriff das Mädchen nicht mehr, das seinen Bruder bestattet hatte – wollte es nicht mehr sein, wollte zurücknehmen. Damit war sie vernichtet. Allein gelassen, duckten ihre Nerven sich vor jedem Schritt draußen auf dem Gang, dessen blendender Linoleumläufer nicht betreten werden durfte. Ihr flatternder Blick stieß sich wund an den Mauern und verfing sich in den Gitterstäben, durch die der Tag hineinprahlte. „Das Leben geht weiter“ – diese roheste aller Plattitüden, sie verbrannte ihr Herz. Noch in den Spatzen, die sie beim Rundgang im Hof auf Kokshalden gesehen hatte, demütigte sie diese ordinäre Wahrheit. Und was Bodo ihr zum Trost gesagt hatte, als sie erfuhr, ihr Bruder werde gehenkt, das nagelte nun Stunde um Stunde ihre kaltwache Vorstellungskraft auf das Brett unterm Messer, auf dem man sie anschnallen würde, und richtete ihre Augen auf die Blutrinne in den Fliesen hinter der Guillotine: Der rumpflose Kopf lebt da unten noch weiter, noch lange, zwar blind, doch vermutlich bei Bewusstsein, manchmal eine halbe Stunde – während der Tod am Galgen meist schnell eintritt. Mit dieser Feststellung hatte der Generalrichter vor seiner Familie einmal zu rechtfertigen versucht, dass er „Verräter“, denen die Kugel verweigert wurde, dem Strang überantwortete, und Bodo hatte Anne mit nichts anderem beruhigen können. Was mochte jetzt er durchleiden, seit er wusste, was ihr bevorstand? Denn Frauen, auch das hatte er ihr damals gesagt, blieb laut Führerweisung das Beil verordnet ...

Als man aber später dem Pfarrer aufschloss, kam sie nicht dazu, ihre Tat zurückzunehmen. Sein Gesicht war eingestürzt. Und seine Unfähigkeit, das erste Wort zu finden, gab Anne für die Dauer weniger Atemzüge die Kraft, Gelassenheit vorzutäuschen. Sie glaubte, er müsse ihr sagen, sie sei schon verurteilt. Sie deutete an, er könne

„es“ sagen. Da murmelte er, und sie hielten sich aneinander fest: „Ihr Verlobter, Bodo, hat sich in einem russischen Bauernhaus erschossen.“

Lange erst, nachdem er es gesagt hatte, hörte sie ihn: Man fand nur Ihren Brief bei ihm, er hatte ihn erst eine halbe Stunde ...“

„Brief?“ – und er las in ihren Augen ab, dass sie das nicht begriff. Bodo hatte auch seiner Mutter nicht mehr geschrieben. Das sagte er ihr. „Kein Brief – kein – nichts für mich?“

Nun musste er es *doch* sagen. „Er wollte zu Ihnen ... verstehen Sie!“, sagte der Geistliche, und seine Augen zuckten. Er musste es wiederholen: „Bodo wollte bei Ihnen sein . Er glaubte doch – er dachte, Sie seien schon ... tot.“

Hitler zeichnete alsbald den Generalrichter mit der höchsten Stufe des Kriegsverdienstkreuzes aus und empfing den durch häufiges Weinen noch treuer gewordenen Mann persönlich im Hauptquartier. Bei Tisch sagte er an diesem Tag, und es war das erste Mal, dass seine Tafelrunde ihn erbittert über den entmachteten, aber von ihm noch immer sehr verehrten Mussolini sprechen hörte, der italienische Staatschef könne sich ein Beispiel nehmen an diesem deutschen Richter, der in heroischer Weise die Staatsräson seinen familiären Gefühlen übergeordnet habe – und solle sich endlich dazu aufraffen, seinen Schwiegersohn, den Verräter Graf Ciano, in Verona erschießen zu lassen.

Der Generalrichter hatte sein Angebot nicht ausdrücklich widerrufen, wäre aber – nach Bodos Tod war er zwei Tage nicht zum Dienst erschienen – vielleicht auch nicht mehr imstande gewesen, die Delinquentin noch aus der angelaufenen Vernichtungsmaschinerie zurückzureißen. Sie hatte Anne automatisch in dem Augenblick erfasst, in dem sie ins Gefängnis Lehrter Straße überführt worden war – schon als „Paket“. Das war die Fachbezeichnung für „Patienten mit geringer Lebenserwartung“, wie die besseren Herren der Justiz, die sich in fast jeder Situation ihren Witz bewahrten, zu sagen pflegten.

Paket besagt: als juristische Person abgebucht, zur Dekapitulation und behördlich überwachten Kadavernutzung freigegeben. Das Honorar für Urteil, Gefangenenkost und Scharfrichter sowie „für Übersendung dieser Kostenrechnung“ war bei politischen Verbrechern per Nachnahme von den Angehörigen einzutreiben, im Falle ihrer „Nichtauffindung“ oder bei Ausländern der Staatskasse „anzulasten“.

Seit Anne wusste, wie Bodo ein Leben ohne sie eingeschätzt hatte, fand auch sie selbst in ihren starken Augenblicken das Leben nur noch überwindenswert – und doch hatte sie ein Gnadengesuch geschrieben, dem sie sich nun gedemütigt ausgeliefert sah. Nur körperliche Schwäche – denn „Pakete“ bekamen in ihren absichtlich überheizten Zellen fast nichts mehr zu essen, an manchen Tagen nur eine Hand voll Kraut –, nur ihre Schwäche verdrängte zuweilen ihre seelischen Heimsuchungen. Der Hungerschmerz reduzierte sie auf ihre Animalität, und zuzeiten nahm das hysterisch gesteigerte Bedürfnis nach einem Stück Seife ihr den Blick dafür, dass sie gesetzlichen Anspruch nicht einmal mehr auf Sauerstoffzufuhr hatte. Schließlich atmete sie nur noch, weil sie in lächerlicher Verkennung der Kriegslage dem Größenwahn erlegen war, der Führer oder auch der Herr Reichsminister für Justiz fänden noch die Zeit, sich mit einem Gnadengesuch zu befassen – das aber selbstverständlich, trotz seiner „Nicht-Vorlage“ niemals übereilt abgelehnt wurde, sondern erst nach einer humanen Frist, wie sie in der Verordnung vorn 11. Mai 1937 bestimmt worden war.

Manchmal entrissen ihre Toten, der Freund, die Mutter, der Bruder, Anne ihrer Angst und bewirkten, dass das Unvorstellbare, ihr eigenes Totsein, vorstellbar wurde ohne Entsetzen, ja eben als die wahre verlässliche Freiheit. In solchen Momenten war sie bereit. In den Nächten, wenn sie lag, überwog ihre Daseinsbegierde. Am Tag, unter der Folter der Zuchthausgeräusche, wenn ein Wagen im Hof, wenn Schritte und Lachen und Schreie und Schlüssel ihr den Vollstrecker anzukündigen schienen, versuchte sie, auf ihrem Schemel unter dem Gitter, sich abzuwenden von der gegenüberliegenden Tür, von dem Kübel und den Würghänden, die sie seit der Gerichtsverhandlung nach sich greifen sah – und in die Einsicht zu flüchten, dass allein der Tod uns beschützen kann. Der Tod, nicht Gott. Denn zu jung, um ergeben zu sein, trennte sie von dem wie eine Eiszeit die kosmische Gleichgültigkeit, mit der er seinem Geschöpf gegenüberstand, echolos wie die Zellenwand. Von „oben" erhoffte sie nichts als ihre schnelle Hinwegnahme durch eine Bombe, denn „Pakete" wurden während der Fliegerangriffe auf Berlin nicht aus ihren Gehäusen im fünften Stockwerk in die Luftschutzkeller mitgenommen; das hätte zu hohen „Personalaufwand" erfordert. Einmal splitterte die Scheibe in ihre Zelle – es war der Augenblick, sich die Adern zu öffnen, aber Hoffnung und Schwäche hinderten sie. Und als sie es endlich gekonnt hätte, da war Tag, und ihre Wärterin, eine kinderreiche Witwe, die Anne oft heimlich einen Apfel mitbrachte, entfernte mit geradezu antiseptischer Sorgfalt auch den winzigsten Splitter, nicht nur aus Annes Käfig, sondern sie fand bei der „Filzung", wie sie die Leibesvisitation nannte, auch das scherenspitze Glas, das Anne als letzte Waffe gegen ihre äußerste Entwürdigung in ihrem Haar unter dem gestreiften Kopftuch versteckt hatte. Sie lachte aus ihrer guten nahrhaften Brust, die deutsche Mutter, weil sie doch noch pfiffiger war als die Gefangene, sie lachte ohne jede Grausamkeit – und erschrak so sehr, als sie, zum ersten Mal, in Annes Augen Tränen sah und ganz unvorbereitet ihr wimmerndes, verzweifeltes, irrsinniges Betteln um den Splitter abwehren musste, dass sie schnell ging, einen Apfel zu holen. Sogar ein Arzt gab jetzt Acht, dass Anne bei voller Gesundheit auf das Schafott kam. Tatsächlich verlangte die bürokratisch geregelte Absurdität des „Endvollzuges" die Anwesenheit eines Mediziners, als man ihr endlich – eine Formalität von neunzig Sekunden – die unbegründete Ablehnung des Gnadengesuchs und die Stunde ihrer Enthauptung verlas. Ohne Auflehnung ließ Anne, gefesselt seit der Urteilsverkündung, sich auch noch die Füße an eine kurze Kette legen und mit sechs anderen jungen Frauen, von denen eine noch ein Kind während der Haft geboren hatte, zum Auto nach Plötzensee bringen, wo ihnen ein halb idiotischer Schuster, der seit Jahren als Rentner dieses Privileg eifrig hütete, mit verschreckt geilen Augen und zutraulichem Geschwätz umständlich das Haar im Nacken abschnitt; dabei ließ er die schimmernde Flut von Annes sehr langem, blondem Haar mit seniler Wollust durch seine riechenden Finger gehen, wickelte ihr Haar dann grinsend um einen seiner nackten Unterarme und tänzelte, die Schere unaufhörlich öffnend und schließend, um die Gefesselte herum, bis man ihn hinauspfiff wie einen Hund. Denn Anne musste sich völlig ausziehen, um nur noch einen gestreiften Kittel und Sandalen anzulegen.

Die Todeszellen blieben offen, die Delinquenten waren an einen Mauerring gekettet. So sprach Pfarrer Ohm sie noch. Ob Anne sich jetzt des Wortes Apost. 5, 29 erinnern konnte, das sie auf dem Grabstein des Bruders gefunden hatte; ob sie jenes Mädchen gewesen ist, das nach einer Chronik an diesem Nachmittag „wie eine Heilige starb"; oder ob sie es war, die zum Schafott ein Foto in den gefesselten Händen mitnahm, um für ihre Augen einen Halt zu finden – wir wissen es nicht. Pfarrer Ohm schrieb einige Jahre später auf eine Anfrage: „Ersparen Sie sich die technischen Einzelheiten, mein Haar ist darüber weiß geworden."

Die Frauen wurden in kurzen Abständen über den knochengrauen Hof zum Schuppen des Henkers geführt. Dorthin durfte kein Geistlicher sie begleiten. Wer da, neben dem dreibeinigen Tischchen mit Schnaps und Gläsern, als Augenzeuge Dienst hat, der Admiral, der Staatsanwalt, ein Oberst der Luftwaffe als Vertreter des Generalrichters und ein Heeresjustizinspektor, der schwieg sich aus nach dem Krieg, um seine Pension nicht zu gefährden. Nur darüber berichtet das Register: Auch an diesem 5. August waltete als Nachrichter der Pferdeschlächter Röttger seines Amtes, der für seinen Schalk berüchtigt war und der, fast auf den Tag genau, ein Jahr später den Feldmarschall von Witzleben und elf seiner Freunde in Drahtschlingen erwürgte. Diese Hinrichtung wurde gefilmt, weil der Führer und sein Stab sich am Abend in der Reichskanzlei ansehen wollten, wie die Männer verendeten, die am 20. Juli 1944 versucht hatten, das Regime zu beseitigen. Ein Staatssekretär hat überliefert, dass selbst der satanische Parteigenosse Hitlers, sein Propagandaminister, während der Filmveranstaltung sich mehrmals die Hand vor die Augen hielt.

EPITAPH

Die Berliner Anatomie erhielt in den Jahren 1939-1945 die Körper von 269 hingerichteten Frauen

(Professor Stieve im „Parlament“ am 20. 7.1952, dem 8. Jahrestag des gescheiterten Attentats auf Hitler)

(Hochhuth, S. 40-50)

Mat. 9

Elisabeth Langgässer (1899-1950): „Die getreue Antigone“ (1947)

Das Grab lag zwischen den Schrebergärten, ein schmaler Weg lief daran vorbei und erweiterte sich an dieser Stelle wie ein versandetes Flussbett, das eine Insel umschließt. Das Holzkreuz fing schon an zu verwittern; seine Buchstaben R. I. P. waren vom Regen verwaschen, der Stahlhelm saß schief darüber und war wie ein Grinsen, mit welchem der Tod noch immer Wache hielt. Gießkanne, Harke und Rechen lagen an seiner Seite, das Mädchen Carola stellte den Spankorb mit den Stiefmütterchenpflanzen, die es ringsherum einsetzen wollte, ab und wandte sich zu seinem Begleiter, der ihr gelangweilt zusah und unter der vorgehaltenen Hand das Streichholz anrätschte, um seine Camel im Mundwinkel anzuzünden.

Kein Lüftchen. Der Frühling, an Frische verlierend, ging schon über in die Verheißung des Sommers, der Flieder verblühte, die einzelnen Nägelchen bräunten und begannen, sich aus Purpur und Lila in die Farbe des Fruchtstandes zu verwandeln, der Rotdorn schäumte gewalttätig auf, die Tulpenstängel, lang ausgewachsen, trugen die Form ihrer Urne nur noch diesen Tag und den nächsten – dann war auch das vorbei. Eine hässliche alte Vase und zwei kleine Tonschalen dienten dazu, den Blumenschmuck aufzunehmen – jetzt waren Maiglöckchen an der Reihe, Narzissen, die einen kränklichen Eindruck machten, und Weißdorn, der das Gefühl einer Fülle und Üppigkeit zu erwecken suchte, die zu dem unangenehmen Geruch seiner kleinen, kurzlebigen Blüten in seltsamem Gegensatz stand.

„Wenn der Rot- und Weißdorn vorüber ist, kommt eine Zeit lang gar nichts“, sagte Carola, bückte sich und leerte das schmutzige Wasser aus beiden Schalen aus, füllte sie wieder mit frischem Wasser und seufzte vor sich hin.

„Rosen“, sagte der junge Bursche. „Aber die sind noch nicht da. Du hast Recht: Dazwischen kommt gar nichts. Ein paar Ziersträucher höchstens, rosa und gelbe, aber die Zweige müsste man abreißen, wo man sie findet“ –, er blinzelte zu ihr hin.

„Nein“, sagte sie rasch.

„Nicht abreißen? Nein? Dann muss der da unten warten, bis wieder Rosen blühen.“

Er lachte roh und verlegen auf; das Mädchen begann das Grab zu säubern, die herabgefallenen Blütchen sorgfältig aufzulesen und die Seitenwände des schmalen Hügels mit Harke und Händen gegen den Wegrand genauer abzugrenzen. (So hat sie wohl schon als kleines Mädchen auf dem Puppenherd für ihre Ella und Edeltraut Reisbrei gekocht, Pudding und solches Zeug, schoss es ihm durch den Sinn.) Wieder musste er lachen; sie blickte misstrauisch auf und unterbrach ihr Hantieren; wirklich war es, als ob auf dem Grab, das die Weißdornblüten bedeckten, Zucker verschüttet wäre, oder spielende Kinder hätten vergessen, ihr Puppengeschirr, als die Mutter sie rief, mit in das Haus zu nehmen.

„Gib den Korb mit den Pflanzen her“, sagte Carola. „Ich will sie jetzt einsetzen. Auch den Stock, um die Löcher in die Erde zu machen, immer in gleichem Abstand –“, sie war vor Eifer ganz rot. „Hol ihn dir selber“, sagte der Bursche und drückte an einem morschen Pfahl die Zigarette aus. „Ein Blödsinn, was du da treibst.“

„Was ich treibe?“

„Na – dieses Getue um das Soldatengrab. Immer bist du hierher gelaufen. September, Oktober: mit Vogelbeeren; November, Dezember: mit Stechpalmen, Tannen, hernach mit Schneeglöckchen, Krokus und Zilla. Und das alles für einen Fremden, von dem du nicht einmal weißt –"

„Was weiß ich nicht?"

„Was er für einer war."

„Jetzt ist er tot."

„Vielleicht ein SS-Kerl."

„Vielleicht."

„Ja, schämst du dich eigentlich nicht?", brauste der Bursche auf. „Deinen ältesten Bruder haben die Schufte in Mauthausen umgebracht. Wahrscheinlich hat man ihn –"

„Sei doch still!" Sie hielt sich mit verzweifeltem Ausdruck die Hände an die Ohren; er packte sie an den Handgelenken und riss sie ihr herunter, sie wehrte sich, keuchte, ihre Gesichter waren einander ganz nahe, plötzlich ließ er sie los.

„Tu, was du willst. Es ist mir egal. Aber ich bin es satt. Adjö –."

„Du gehst nicht !"

„Warum nicht? Du hast ja Gesellschaft. Ich suche mir andere."

„Die kenne ich", sagte das Mädchen erbittert. „Die von dem schwarzen Markt."

„Und wenn schon? Der schwarze Markt ist nicht schlimmer als deine Geisterparade. Gespenster wie dieser da. .. Würmer und Maden." Er deutete mit dem Kopf nach dem Grab, das nun, vielleicht weil Harke und Rechen, während sie beide rangen, quer darüber gefallen waren, einen verstörten Eindruck machte und ein Bild der Verlassenheit bot. „Komm", sagte der Bursche besänftigt. „Ich habe Schokolade."

„Die kannst du behalten."

„Und Strümpfe." Schweigen. „Und eine Flasche Likör."

„Warum lügst du?", fragte das Mädchen kalt.

„Nun, wenn du weißt, dass ich lüge", sagte der Bursche gelassen, „kann ich ja aufhören. Oder meinst du, das Lügen macht mir Spaß?"

„Dann lügst du also aus Traurigkeit“, sagte Carola kurz.

Sie schwiegen, die Nachmittagssonne brannte, in der Luft war ein Flimmern wie sonst nur im Sommer, ein flüchtiges Blitzen, der leise Schrei und das geängstigte Seufzen der mütterlichen Natur. Ein Stück niedergebrochenen Gartenzauns lag am Wegrand, sie setzten sich beide wie auf Verabredung nieder, der junge Mann zog Carola an sich und legte wie ein verlaufener Hund den Kopf in ihren Schoß. Sie saß sehr gerade und starrte mit aufgerissenen Augen nach dem Soldatengrab ...

„Glaubst du wirklich, dass Clemens so qualvoll – ?“, fragt Carola leise. „In dem Steinbruch oder ...“

„Ich weiß es nicht. Lass doch. Quäle dich nicht“, murmelte er wie im Schlaf. „Für Clemens ist es vorbei.“

„Ja“, sagte sie mechanisch, „für Clemens ist es vorbei.“ Sie nickte ein paar Mal mit dem Kopf und fing dann von neuem an.

„Aber man möchte doch wissen.“

„Was – wissen?“

„Ob er jetzt Frieden hat,“ sagte sie, halb erstickt.

„Da kannst du ruhig sein. Du weißt doch, wofür er gestorben ist.“

„Ich weiß es. Aber siehst du, als Kind konnte ich schon nicht schlafen, wenn mein Spielzeug im Hof geblieben war; das Holzpferd oder der Puppenjunge. Wenn es Regen gibt! Wenn er allein ist und hat Angst vor der Dunkelheit, dachte ich. Verstehst du mich denn nicht?“

Er gab keine Antwort, Carola schien sie auch nicht zu erwarten, sondern richtete ihre Fragen an einen ganz anderen.

„Ist das Sterben schwer? Du kannst es mir sagen. Der Augenblick, wo sich die Seele losreißt von allem, was sie hat?“

Nun bewegte sich doch noch ein leiser Wind und hob die äußeren Enden der Weißdornzweige empor; die schräge fallenden Sonnenstrahlen wanderten über den Stahlhelm und entzündeten auf der erblindeten Fläche einen winzigen Funken von Licht.

„Liegst du gut?“

Der junge Mann warf den Kopf wie im Traum auf ihrem Schoß hin und her; sein verfinstertes junges Gesicht mit den Linien der unbarmherzigen Jahre entspannte sich unter den streichelnden Händen, die seine widerspenstigen Strähnen langsam und zart zu glätten versuchten und über die Stirn zu den Schläfen und von da aus über die Wangen gingen ... die Lippen, die ihre kühlen Finger mit einem leise saugenden Kuss festzuhalten versuchten ... bis die Finger endlich, selber beruhigt, in der Halsgrube liegen blieben, wo mit gleichmäßig starken Schlägen die lebendige Schlagader pochte.

„Ich liege gut“, gab der junge Mann mit entfernter Stimme zurück. „Ich möchte immer so liegen. Immer ...“ Er seufzte und flüsterte etwas, das Carola, weil er dabei den Mund auf ihre Hände presste, nicht verstand; doch sie fragte auch nicht danach.

Nach einer Welle sagte das Mädchen: „Ich muss jetzt weitermachen. Die Mutter kommt bald nach Haus. Übrigens, dass ich es nicht vergesse: Der Kuratus hat gestern nach dir gefragt. Es ist jetzt großer Mangel an älteren Ministranten, besonders bei Hochämtern, weißt du, an hohen Festen, und so. Ob du nicht -?“

„Nein. Ich will nicht.“ Der Bursche verzog seinen Mund.

„... die Kleinen können den Text nicht behalten, sie lernen schlecht und sind unzuverlässig“, fuhr sie unbeirrt und beharrlich fort. „Bei dem Requiem neulich – “

Sie stockte. Dicht vor beiden flog ein Zitronenfalter mit probenden Flügelschlägen vorbei und ließ sich vertrauensvoll und erschöpft auf dem Korb mit den Pflänzchen nieder.

„Meinetwegen“, sagte der Bursche. „Nein: deinetwegen“, verbesserte er. „Damit du Ruhe hast“, fügte er noch hinzu.

„Damit er Ruhe hat“, sagte sie und griff nach dem Pflanzenkorb.

Mat. 10

Grete Weil (1906-1999): „Meine Schwester Antigone“ (1980)

Klappentext

Ein Hochhaus in der Frankfurter Innenstadt, in der Attikawohnung eine Frau: alt, ziemlich alt, ein Leben in zunehmender Vereinsamung, ein Leben im Zustand des »noch« – »Ach, Sie fahren noch Ski?«, als ob dies ungehörig wäre. Da ist die Erinnerung an die Verletzungen der Vergangenheit, die Zeit der Verfolgung, die Mitarbeit im Jüdischen Rat in Amsterdam, den Tod der Lebensgefährten. Da sind die Schuldgefühle der Davongekommenen. Erinnerungen, unterbrochen durch Gegenwart: lange Telefongespräche mit Freunden, die flüchtige Begegnung mit einer jungen Frau, die als Sympathisantin mit der Terroristenszene in Verbindung steht, Spaziergänge durch die Frankfurter Innenstadt – und die Beschäftigung mit Antigone, Gegenstand eines Buches, das sie nie zu Ende schreiben wird – Antigone, mythische Gefährtin und Symbol eines Widerstandes, der in seiner Kompromisslosigkeit erschreckend ist. Auch sie hätte Antigone sein können, doch ihr fehlte der Mut. – »Ich sagte nicht nein – Neinsagen, die einzige unzerstörbare Freiheit, Antigone hatte sie souverän genutzt.«

Mat. 11

Antigone-Monolog im Werkstatt-Theater Darmstadt im Jahre 1998

„Antigone“ – einsamer Tod im Felsengrab

Neufassung des Monologs nach Sophokles im Werkstatt-Theater Darmstadt

Der tragische Konflikt des klassischen Antigone-Stoffs zwischen Staatsraison und Schwesterpflicht diente schon mehreren zeitgenössischen Autoren als Vorlage, so Jean-Giraudoux für sein Antikriegs-Stück nach dem Zweiten Weltkrieg. Die Regisseurin Marion

Winter inszenierte nun den Antigone-Monolog in einer eigenen Neufassung mit Martina Roth als Antigone für das „Werkstatt-Café" des Staatstheaters Darmstadt.

Antigones Brüder Empedokles und Polyneikes haben sich im Kampf um die Herrschaft über Theben gegenseitig umgebracht. Der neue Herrscher Kreon entscheidet, dass Polyneikes im Gegensatz zu seinem Bruder nicht begraben werden darf, sondern den Vögeln zum Fraß dienen soll. Antigone jedoch folgt dem Göttergebot und ihrer Schwesterpflicht und begräbt Polyneikes. Dafür wird sie lebendig in einem Felsengrab eingemauert. Hier rechnet sie in ihrem berühmten Monolog mit Kreon und der Welt ab.

Martina Roth als Antigone liegt zu Beginn in einem „Sandkasten", eingefasst von Ziegelsteinen als Symbol für die Einmauerung. Einige Konservendosen und eine Plastiktüte verweisen nicht nur auf eine schmale Wegzehrung, sondern auch auf eine moderne Interpretation.

Langsam erwacht Antigone wie aus einem Albtraum und wird sich ihrer Situation bewusst. Noch einmal rekapituliert sie die Ereignisse, beschwört die Pflicht, den Bruder zu begraben und klagt Kreon an. Ihre Seelenlage schwankt zwischen Stolz, Hohn, Entsetzen und Verzweiflung. Martina Roth drückt diese Schwankungen sowohl durch stimmlichen als auch gestischen und körperlichen Einsatz aus. Mal tanzt sie mit einem imaginären Verehrer, der ihr nun versagt bleiben wird, dann wieder bricht sie zusammen und igelt sich in einer embryonalen Halrung ein, kratzt sich hektisch an allen Körperteilen oder isst fast wie ein Tier aus der Konservendose – Abbild der Verzweiflung und des nahenden Wahnsinns. Über eine dreiviertel Stunde lang hält Martina Roth die Zuschauer in Atem, ohne dass Langeweile aufkommt. Vor allem die Kunst der Pause weiß Martina Roth geschickt zur Spannungssteigerung zu nutzen. Nur ihre Artikulation hätte besser sein können: an manchen Stellen nuschelt sie oder lässt Worte auf „er" mit einem platten „a" enden. Gelungen war die satirische Persiflage des Herrschers Kreon mit Stentorstimme und selbstgefälligem Einherschreiten auf der Ziegelumrandung.

Die Inszenierung selbst wirft einige Fragen auf: Marion Winkler hat die Sprache teilweise einer umgangssprachlichen Diktion angepasst, so dass sich klassisch-deklamatorischer Stil mit hingeworfenen Alltagssätzen und Anachronismen wie Kugel und Schusswunde vermengen. Konservendosen und Plastiktüte verstärken diese Wirkung. Hätte sie damit den aktuellen Bezug – welchen auch immer – deutlich machen wollen, so wäre eine durchgehende Umsetzung in moderne Sprache angemessener gewesen. Der antik-zeitlose Konflikt jedoch lässt sich ebenso gut mit einer homogenen Sprache auf dem klassischen Niveau darstellen, ohne deshalb in deklamatorisches Standtheater verfallen zu müssen.

Bei Sophokles erleidet Antigone das ihr zugedachte Schicksal, bei Marion Winkler erstickt sie sich am Schluss mit der Plastiktüte. Im antiken Drama besitzt das Individuum keinen Stellenwert, es hat sich den göttlichen oder weltlichen Geboten zu unterwerfen und im Konfliktfall – siehe Antigone – nach höherem Ratschluss zu sterben. Marion Winkler verleiht Antigone den freien Willen zur Selbsttötung, vermittelt damit jedoch statt emanzipatorischer Botschaft eher Ratlosigkeit. Auch der Freitod ändert nichts an der Macht des Konflikts. So bleiben die textlichen und inhaltlichen Abweichungen Irritationen ohne weitere Bedeutung.

(http://www.egotrip.de/Kultur)

Mat. 12

Christos Nicopoulos' Inszenierung am Horizont-Theater in Köln im Jahre 1997

Mehrere Kritiken beschäftigen sich mit dieser Inszenierung: Der Kölner Stadt-Anzeiger schreibt am 14.11.1997:

Antigone als Denkmodell

Die Welt der griechischen Polis ist uns fremd. Die klassische Aneignung einer Tragödie wie der „Antigone“ des Sophokles setzt jedoch üblicherweise auf eine Art immerwährende Aktualität, die etwa im Sieg der Humanität (Antigone) über den Machtanspruch des willkürlichen Herrschers (Kreon) gesehen wird. „Unaktuell“ sei das Stück, so dagegen Christos Nicopoulos, der die „Antigone“ jetzt im Horizont-Theater neu inszeniert hat. In einer durch seine eigene Übersetzung aufgefrischten Sprache versucht er daher, den Charakter des Dramas als einer Spielvorlage freizusetzten, in dem nicht Individuen für Ideen eintreten, sondern Figuren als Funktionen einer Struktur ein Modell durchspielen.

Anklänge an antike Inszenierungspraktiken – eingestreute Gesänge, die Rollen sind auf drei männliche Darsteller verteilt, „maskiert“ mit bestimmten Körperhaltungen – betonen kulturelle Fremdheit. Mit wenigen Requisiten verwandeln sie sich, für die Zuschauer sichtbar, in die jeweilige Figur. Eine schwierige Aufgabe für Sabiullah Anwar, Waldemar Hooge und Andreas Strigl, die spielerische Distanz mit vehementem emotionalen Einsatz verbinden sollen. Das Konzept geht dann auf und wird unterhaltsam, wenn der Austausch hehrer Ideen plötzlich umschlägt in lustvolles Wortgefecht – es darf gelacht werden in dieser Inszenierung.

Aber dann werden aus den Figuren zeitweilig doch wieder Individuen, was gar nicht gegen die spielerischen Fähigkeiten etwa von Sabiullah Anwar als Antigone oder Waldemar Hooge als Kreon spricht, aber den Ansatz dieser Inszenierung beschwert. Man wünscht sich hier noch mehr Beweglichkeit und Freiheit – ob die Inszenierung diese von ihr selbst aufgezeigten Möglichkeiten noch konsequenter einlösen kann, müssen – nach einer stark beklatschten Premiere – die weiteren Aufführungen zeigen.

Der Kölner Express bemerkt am 13.11.1997:

Warum nicht mal Antigone?

Diese „Antigone“ ist hochaktuell, kein alter Griechen-Schinken. Regisseur Christos Nicopoulos hat das Sophokles-Drama neu übersetzt. Im Horizont Theater geht es um Staatsräson, um Kreon, den despotischen Herrscher, der den Staat Theben als sein Eigentum betrachtet.

Er regiert gegen sein Volk, missachtet sogar die Gesetze der Götter aus Furcht vor Gesichtsverlust.

Sehenswert! Schauen Sie mal rein: Warum nicht mal Antigone?

Die Kölnische Rundschau führt am 13.11.1997 aus:

Revolte gegen höhere Gewalt

Gutes Theater gelingt in der freien Szene immer dann, wenn aus Nöten Tugenden gemacht werden, wenn die vergleichsweise beschränkten Voraussetzungen zu intimen Spielsituationen genutzt werden. In seiner Inszenierung der „Antigone" von Sophokles im Horizont-Theater begnügt Christos Nicopoulos sich mit drei Darstellern und greift damit auf die antike Spielpraxis zurück.

Während jedoch im alten Griechenland unterschiedliche Masken dazu dienten, die Vielzahl der darzustellenden Figuren zu charakterisieren, benutzt Nicopoulos weiße Schaals, die mal als Toga, mal als Kopftuch und mal als Gürtel Verwendung finden. In dieser Weise ausgestattet, müssen namentlich Sabiullah Anwar und Andreas Strigl große Wandlungsfähigkeit beweisen. Anwar ist als jugendliche Antigone und greiser Teiresias hinsichtlich seines großen mimisch-gestischen Ausdruckvermögens überragend; sprachlich hingegen scheint der gebürtige Afghane etwas überfordert zu sein. Dabei erleichtert die Neuübersetzung, die Nicopoulos zusammen mit Astrid Rempel besorgte, eine alltagssprachliche Gestaltung: „Du hast wohl verbalen Durchfall?", heißt es an einer Stelle.

Was den sprachlichen Ausdruck betrifft, ist der deutsche Muttersprachler Strigl (als zarte Ismene und forscher Haimon) seinen Mitspielern überlegen, sogar seinen Tiroler Heimatdialekt weiß er zur Figurengestaltung zu gebrauchen. Gut, dass Waldemar Hooge in beiderlei Hinsicht ein mittlerer Charakter mit solidem Können ist, denn ihm obliegt als Kreon wenn nicht die Titel-, so doch die Hauptrolle.

Im Wandel des Herrschers vom rechthaberischen Tyrannen zum gottesgesetzesfürchtigen Büßer wird der besondere Akzent dieser

Inszenierung (die im Programmheft etwas missverständlich als absichtlich „unaktuell“ bezeichnet wird) deutlich. Rebellion gegen höhere Gewalt bleibt ein modernes Thema; Antigones rein religiöse Motivation ist heute allerdings so lebensfern, dass das „Wofür“ nicht mehr im Zentrum stehen kann. Der Mythos von Kreon und Antigone ist nicht mehr und nicht weniger als die Geschichte einer zweifachen, jeweils tragisch endenden Auflehnung. Das in spannender Weise herausgearbeitet zu haben, ist die Leistung von Regie und Ensemble.

(http://www.theaterszene-Köln.de/horizont-theater)

Mat. 13

Inszenierung in antiker Spielpraxis auf den „Münchner Dionysien“ “ im Jahre 1997

Die Pressestelle der Universität Heidelberg bemerkt zu dieser Aufführung:

Authentischer Bocksgesang

Heidelberger Altphilologen siegten bei „Münchner Dionysien“

„Gewaltig ist vieles und nichts/ Gewaltiger als der Mensch“, heißt es in einem Chorgesang der „Antigone“ von Sophokles. Die griechische Tragödie, auf deutsch „Bocksgesang“, reflektiert menschliche Seinsproblematik auf zeitlose Weise und steht daher noch immer auf dem Spielplan der neuzeitlichen Bühne. Doch die wenigsten erleben eine Inszenierung in altgriechischer Sprache.

Dass die über 2000 Jahre alten Stücke heute auch in der Originalsprache ästhetisch überraschen können, zeigten die im Juli vom Münchner Institut für Klassische Philologie veranstalteten „Münchner Dionysien“. So hieß der zweite überregionale Wettbewerb für Rezitation griechischer Dichtung seit dem Berliner „Homer-Rhapsodie-Wettstreit“ vor zwei Jahren. Diesmal entstammte die Themenvorgabe aus dem dramatischen Fach.

In München spielten jetzt Institute und Seminare für Klassische Philologie aus Berlin (FU und HU), Münster, Rostock, München, Wien, Zürich, Princeton und Heidelberg Werke von Aischylos, Sophokles und Euripides, den großen Tragikern des fünften vorchristlichen Jh.s. Ganz auf die innere Musikalität der tragischen Chorlyrik setzte das Heidelberger Seminar und errang mit seiner rhythmisch-choreographischen Darbietung der Parodos des Ayschyleischen „Agamemnon" den dritten Platz als Sieger neben dem Münchner Seminar und nach den beiden Berliner Instituten.

Die engagierten Altphilologen führten bei dem Wettstreit Monologe, Dialogszenen, Chorlieder und Tragödienfragmente, zum Teil in moderner Regiekonzeption, auf.

Auch die gekürzte Fassung einer kompletten Tragödie und ein Satyrspiel, der traditionelle komische Anhang an die klassische Tragödientrias, kamen auf die Bühne.

Statt der historisch unrichtigen Schulaussprache verwendeten alle Teilnehmer die rekonstruierte Prononcierung der klassischen Ära Athens.

Im Sommer 1999 wollen sich die modernen Dionysier wieder in Berlin treffen. Über das Thema wird noch spekuliert. „Vielleicht kommen ja diesmal die antiken Komödien an die Reihe, vielleicht aber auch Lyrik oder etwas ganz anderes", so eine Heidelberger Altphilologin. Vorbereitungen und Probenarbeit werden wieder etliche Schweißtropfen kosten. Doch Gott Dionysos lohnt solche Opfer und schenkt seinen Jüngern dafür Begeisterung.

(http://www.rz.uni-heidelberg.de/ it5/unispiegel/5_97)

Mat. 14

Projekt „Antigone 2000“ der Arbeitsgruppe „Parate Labor“

Walter Pfaff begründet die Auswahl des Stoffes für das Projekt „Antigone 2000“ der Arbeitsgruppe „Parate Labor“:

Aber warum gerade Antigone?

Erstens, Antigone ist ein Mythos. Bei Sophokles hat die Antigone die Form einer Tragödie, aber zuerst einmal ist Antigone ein Mythos, der viel älter ist. Dank der ethnologischen Forschung weiß man, dass ein Mythos und ein Ritus zusammengehören. Oft nimmt die Erzählung des Mythos einen wichtigen Teil im Ritual ein. Die Überlieferung durch Sophokles gibt uns den Mythos nur als Text; was verloren ging ist der zugehörige Ritus: wie wurde gesungen und wie getanzt? Wie waren die Bewegungen und wie die Gesten? Das alles ist vorerst unbekannt. Wir wissen nur: wenn wir Antigone als Mythos begegnen, müssen wir uns mit dem Ritus auseinander setzen. Zweitens: Antigone ist ein ganz außergewöhnlicher Stoff, weil darin das Ritual oder das rituelle Recht selbst Zentrum der thematischen Auseinandersetzung ist. Es geht um das rituelle Recht, und es geht um den Bruch in der Geschichte, da das Staatsrecht das rituelle Recht ablöst. Insofern sind wir die Erben von Kreon. In unserer Begräbniskultur haben wir natürlich noch rituelle Rechte. In den Zeitungen findet man immer wieder Berichte über Leichenteile, die ausgegraben und transportiert werden, um ihnen nachträglich ein regelkonformes Begräbnis zuteil werden zu lassen. Begräbnisrituale sind ein alter und zentraler Teil jeder Kultur, und zwar der Teil, der in einer Kultur, auch wenn sie am Untergehen oder Sichauflösen ist, am längsten noch beibehalten wird. Die dritte Besonderheit von Antigone besteht darin, dass die Handlung des Stückes gerade die Durchführung eines Begräbnisrituals ist. In diesem Stück ist die rituelle Thematik demnach auf drei Ebenen abgehandelt: als das Thema, als die Aktion und als die Erzählform des Mythos. Von daher ist Antigone – unbesehen aller anderen Aspekte und unabhängig von ihrer unbändigen poetischen Schönheit – der ideale Stoff für unser Vorhaben, den rituellen Bereich zu erforschen.

(http://www.Paratelabor.ch)

7. LITERATUR UND „LINKS“ ZUR „ANTIGONE“

7.1 Literatur

Anouilh, Jean: Antigone. München 1993

Aristoteles: Poetik. In: Theorie des Dramas. Hrsg. von U. Stähle. Stuttgart 1973 (= Reclams Universal-Bibliothek 9503 [2])

Bittner, Vera u.a.: Geschichte und Geschehen. Geschichtliches Unterrichtswerk für die Sekundarstufe I. 2. Aufl. Stuttgart 1995

Brecht, Bertolt: Werke. Große kommentierte Berliner und Frankfurter Ausgabe. Hrsg. von W. Hecht u.a. Frankfurt/Main 1994

Ehrenberg, Victor: Sophokles und Perikles. München 1956

Geisenhanslüke, Achim: Sophokles Antigone. München 1999

Giebel, Marion: Erläuterungen und Dokumente: Sophokles Antigone. Stuttgart 1992 (= Reclams Universal-Bibliothek 8195)

Goethe und die Antike. Eine Sammlung. Hrsg. von E. Grumach. Bd. 1. Berlin 1949

Grant, Michael und John Hazel: Lexikon der antiken Mythen und Gestalten. München 1980

Hamburger, Käte: Von Sophokles zu Sartre. Griechische Dramenfiguren antik und modern. Stuttgart 1965

Hegel, Georg Wilhelm Friedrich: Sämtliche Werke. Jubiläumsausgabe. Hrsg. von H. Glockner. Bd. 16: Vorlesungen über die Philosophie der Religion. Zweiter Teil. Stuttgart 1928

Hermes, Eberhard: Der Antigone-Stoff: Sophokles, Anouilh, Brecht, Hochhuth. 4. Aufl. Stuttgart, Düsseldorf, Leipzig 1998

Hochhuth, Rolf: Die Hebamme, Komödie. Erzählungen, Gedichte, Essays. Reinbek 1972

Langgässer, Elisabeth: Erzählungen. Düsseldorf 1964

Jahr, Friedrich u.a.: erinnern und urteilen I. Unterrichtsreihen Geschichte. Stuttgart 1984

Kästler, Reinhard: Sophokles Antigone. 6. Aufl. Hollfeld 1997

Kinder, Hermann und Hilgemann, Werner: DTV-Atlas Weltgeschichte. Bd. 1: Von den Anfängen bis zur Französischen Revolution. 32. Aufl. München 1998

Riemer, Peter: Sophokles, Antigone – Götterwille und menschliche Freiheit. Stuttgart 1991

Rösler, Wolfgang: Zweimal Antigone: griechische Tragödie und episches Theater. In: Der Deutschunterricht, 1979/2, S.42ff.

Schadewaldt, Wolfgang: Hellas und Hesperien. Bd.1. 2. Aufl. Stuttgart, Zürich 1970

Schadewaldt, Wolfgang: Die griechische Tragödie. Aischylos, Sophokles, Euripides. Tübinger Vorlesungen Bd. 4. Hrsg. von Ingeborg Schudoma. Frankfurt/Main 1991.

Sophokles: Antigone. Übersetzt von W. Kuchenmüller. Stuttgart 1955 (= Reclams Universalbibliothek 659)

Steiner, George: Die Antigonen. Geschichte und Gegenwart eines Mythos. München, Wien 1988

Theorie des Dramas. Hrsg. von U. Stähle. Stuttgart 1973 (= Reclams Universal-Bibliothek 9503)

Weil, Grete: Meine Schwester Antigone. Frankfurt 1982

Zimmermann, Christiane: Der Antigone-Mythos in der antiken Kunst und Literatur. Tübingen 1993

Zink, Norbert: Sophokles Antigone. 11. Aufl. Frankfurt 1999

7.2 „Links“ zur Antigone

Die folgenden Adressenangaben sind am 01.08.2000 auf ihre Richtigkeit überprüft worden. Da sich Internetadressen zuweilen schnell ändern können, ist damit zu rechnen, dass die eine oder andere Angabe nicht mehr stimmt. In diesem Falle ist der Verlag über eine kurze Mitteilung sehr dankbar.

Adresse	Inhalt
http://www.Gutenberg.aol.de	Text der „Antigone“
http://rzserv2.fh-Lueneburg.de/u1/gym03/homepage/faecher/griechis/galerigr.htm	Zitate und Bildmotive aus der griechischen Antike
http://come.to/stefanrichter	Überblick über Inhalt und Problematik
http://www.gwdg.de/ uhdp/thop/sommer97/fleistck.htm	Inhaltsauszug aus Reclams Schauspielführer
http://www.Hausarbeiten.de/data/deutsch/deutsch-antigone1.htm	Inhaltsangaben zu 3.-5. Epeisodion
http://www.e.ruhr.de/home/hko/stat12.htm	„Antigone“ als griech.Tragödie
http://www.sikorski.de/Bühne/k1018.htm	Vassily Lobanov „Antigone“ (Oper)
http://www.Antikenfestspiele.de/1999/antikehauptseite5.htm	Arthur Honegger „Antigone“ (Oper)
http://Kultur.nat.de/theater/schauspiel-bonn/Antigone.html	Janusz Glowacki „Antigone in New York“
http://www.egotrip.de/kultur	Christos Nicopoulos‘ Inszenierung
http://www.paratelabor.ch	Projekt „Antigone 2000“
http://www.rz.uni-heidelberg.de/ it5/unispiegel/5_97)	Inszenierung in antiker Spielpraxis
http://www.general-anzeiger-bonn.de/news/1999/05/16/1999_05_16_18.html	Rezension vom 16.05.1999 zur Aufführung in Bonn
http://www.muenster.org./wartburg/so4.html	Aufführung des Goethe-Gymnasiums Düsseldorf 1998
http://www.kle.NW.schule.de/gymgoch/aktiv/ags/theater/geschich.htm	Schülerinszenierung
http://www.uni-Tübingen.de/uni/qvf/me/me2/kl12/p4/text/me2k12p4t4.html	Psychoanalyse und Literatur
http://www.kath.de/bistum/mainz./impuls/artef-vern.htm	Ansprache zur Vernissage „Artefakte der Hoffnung“ 1998
http://www.userpage.fu-berlin.de/ redel/schinzel/index.htm	„Zur Rolle der Frau in der attischen Tragödie“ (Diplomarbeit)
http://www.vaeter-aktuell.de/steckkissen_DreiZuEinsStrobl.html	„Die Angst vor den Frösten der Freiheit“ – ein lesenswertes, von der „Antigone“ inspiriertes feministisches Essay über den Kampf der Frau gegen das Patriarchat.